本书得到教育部人文社会科学研究青年基金项目"连片特困地区乡村旅游开发与精准扶贫的协同路径研究"（15XJC840002）、国家社会科学基金一般项目"民族地区乡村旅游巩固脱贫攻坚成果的路径设计与政策支持研究"（20BSH062）和中央高校基本科研业务费专项资金重点项目"民族地区乡村旅游巩固脱贫攻坚成果的典型案例研究"（SWU2109207）的共同资助

连片特困地区乡村旅游开发与精准扶贫的协同路径研究

——以重庆武陵山片区为例

黄国庆 ◎ 著

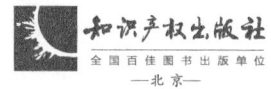

全国百佳图书出版单位

——北京——

图书在版编目（CIP）数据

连片特困地区乡村旅游开发与精准扶贫的协同路径研究：以重庆武陵山片区为例／黄国庆著．—北京：知识产权出版社，2021.6
ISBN 978-7-5130-7563-3

Ⅰ．①连… Ⅱ．①黄… Ⅲ．①山区—乡村旅游—旅游业发展—关系—扶贫—研究—重庆 Ⅳ．①F592.771.9②F127.719

中国版本图书馆 CIP 数据核字（2021）第 116808 号

内容提要

本书以既有适用成果为起点，科学界定区域旅游开发与精准扶贫的内涵、特征、构成要素，系统解析贫困乡村地区旅游开发与精准扶贫的内在关系，搭建本课题研究的理论框架。在理论研究基础上，通过国际案例分析、吸收借鉴国际经验，同时进一步修正理论框架；并选择具有代表性的特困区域（重庆武陵山片区）作为典型样本进行实证调研，在协同的基础、协同的核心、协同的保障性要素分析的基础上，基于圈层结构理论设计旅游开发与精准扶贫的协同路径。

责任编辑：刘 鬻　　　　　　责任校对：王 岩
封面设计：红石榴文化·王英磊　责任印制：孙婷婷

连片特困地区乡村旅游开发与精准扶贫的协同路径研究
——以重庆武陵山片区为例

黄国庆　著

出版发行：	知识产权出版社有限责任公司	网　址：	http://www.ipph.cn
社　址：	北京市海淀区气象路 50 号院	邮　编：	100081
责编电话：	010-82000860 转 8119	责编邮箱：	liuhe@cnipr.com
发行电话：	010-82000860 转 8101/8102	发行传真：	010-82000893/82005070/82000270
印　刷：	北京九州迅驰传媒文化有限公司	经　销：	各大网上书店、新华书店及相关专业书店
开　本：	720mm×1000mm　1/16	印　张：	13.25
版　次：	2021 年 6 月第 1 版	印　次：	2021 年 6 月第 1 次印刷
字　数：	190 千字	定　价：	79.00 元

ISBN 978-7-5130-7563-3

出版权专有　侵权必究
如有印装质量问题，本社负责调换。

前 言

　　坚决打赢脱贫攻坚战，让贫困人口和贫困地区同全国一道进入全面小康社会，是我党的庄严承诺。我国实现全面建成小康社会的奋斗目标，重点在中西部地区，难点在集中连片特困地区。全国14个连片特困地区基本涵盖了全国绝大部分贫困地区，现有贫困人口的脱贫难度更大、减贫成本更高、减贫面临的挑战更为严峻、常规扶贫手段难以奏效，一般的经济增长无法有效带动这些区域的发展，扶贫工作进入攻坚克难的关键时期。

　　旅游业具有带动性强、关联性广等产业优势，在对贫困地区经济发展的广泛带动、对贫困人口就业增收的促进方面扮演着越来越重要的角色，被世界公认为是反贫困最有效的途径之一。正如李克强总理在2016年首届世界旅游发展大会开幕式上的致辞中强调的："旅游业是实现扶贫、脱贫的重要支柱"。国务院扶贫办、中国文化和旅游部2017年的报告显示，"2011年以来，中国通过乡村旅游带动了10%以上的贫困人口脱贫，旅游脱贫人数达1000万以上"。2018年9月，国家文化和旅游部前副部长李金早在湖南省慈利县罗潭村召开的全国乡村旅游与旅游扶贫工作推进大会上表示，"2017年，通过乡村旅游实现脱贫人数占脱贫总人数的17.5%。乡村旅游已成为我国农民就业增收、农村经济发展、贫困人口脱贫的主战场和中坚力量，为贫困人口打开脱贫奔康大门的同时发挥着巨大的减贫功能"。由此可见，乡村旅游扶贫是贫困地区特别是旅游资源富裕的连片特困地区脱贫攻坚的重要手段，也是国家实施扶贫开发战略的主要内容。

　　虽然旅游发展的减贫效应受到国内外研究者的广泛关注，但旅游发展与贫困减缓之间的关系也备受争议。以 Muganda 为代表的学者认为旅游发展有利于贫困减缓，是发展中国家缓解贫困问题的有效工具；以 Manyara 为代表的学者则认为旅游发展并没有使当地社区居民受益，反而有加深贫困的可能。旅游发展有利于贫困减缓吗？本书对国内外文献从旅游开发对贫困地区的影响、旅游开发与精准扶贫的协同路径、重庆武陵山片区乡村旅游开发与精准扶贫的协同路径三个维度进行了文献梳理，总结了研究者提出的提高旅游开发的益贫性，坚持政府主导、社区参与、城乡统筹、产业融合，发展文化旅游、乡村旅游、生态旅游等有益于贫困人口受益与发展的对策建议；借助外来资本、先进的服务管理经验和较强市场开拓能力的注入，招徕旅游者，消除社区经营旅游的障碍性因素，是目前贫困地区发展旅游的普遍选择。在这个过程中，当地政府需要在制度的设计、旅游收益的分配、居民参与能力的培育、旅游基础设施建设、旅游发展环境营造等方面下功夫，提供必要的政策支持和配套服务，为乡村旅游减贫效应的发挥提供基础和保障。诚然，外来旅游投资者要获得可持续收益，则要以资源和环境为基础，以与社区居民建立合作共享的机制为保障。为了引导当地居民积极参与旅游业、保护当地的资源和环境，投资者会主动拿出一部分旅游收益与居民分享，激励居民支持旅游业的发展。随着旅游业发展所处阶段的变化，企业社会责任感不断增强，贫困人口在旅游发展中获得的经济收益和份额会不断提高，乡村旅游的益贫性作用显著。基于以上认识，本书倾向支持"**乡村旅游发展有利于贫困减缓**"的观点。正如 Mathieson & Wall 所说，旅游发展对贫困地区所造成的经济影响总的来说是有益的。

现有研究成果为本书提供了理论借鉴和逻辑起点，但某些领域的研究比较薄弱，有待进一步深入。**首先在研究内容上**，①加强对精准扶贫的理论探讨，关注乡村旅游开发与精准扶贫的内在关系；②从单一方面入手转向系统研究乡村旅游开发与精准扶贫的协同发展；③进一步从学理和实践层面探讨连片特困地区乡村旅游开发与精准扶贫协同路径研究、对不同国家和地区的特色经验进行总结和比较性研究。**其次在研究对象上**，瞄准身处贫困问题旋涡中心的贫困人口，着眼于精准扶贫对贫困人口受益与发展的深入研究。**最后在研究方法上**，加强定性与定量相结合的研究，增强研究成果对实践的指导意义。

基于以上现实背景和学术背景，本书以既有适用成果为起点，科学界定区域乡村旅游开发与精准扶贫的内涵、特征、构成要素，系统解析乡村旅游开发与精准扶贫的内在关系，搭建本书的理论框架。在理论研究基础上，通过国际案例分析、吸收和借鉴国际经验，同时进一步完善理论框架；并选择具有代表性的特困区域（重庆武陵山片区）作为典型样本进行实证调研，在协同的基础、协同的核心、协同的保障性要素分析的基础上，基于圈层结构理论设计乡村旅游开发与精准扶贫的协同路径。总之，国内外研究成果为本书提供了坚实的理论基础和逻辑支持，而存在的不足则为本书留下了一定的研究和探索空间。

因此本书的主要研究内容包括以下几方面。

（1）连片特困地区乡村旅游开发与精准扶贫研究的理论阐释。研究连片特困地区旅游精准扶贫的内涵、特征、构成要素等、乡村旅游开发与精准扶贫的交互关系，厘清连片特困地区乡村旅游开发与贫困人口受益发展、精准脱贫的理论关系。

（2）乡村旅游开发与精准扶贫协同发展的内在机理及现实需求。运用协同理论和系统理论，分析乡村旅游开发、精准扶贫两大系统之间的交互关系，在此基础上分析两者协同发展的内在机理；进而从经济协同、社会协同、文化协同和环境协同等维度分析两个系统协同发展的现实需求。

（3）国际旅游开发与精准扶贫的协同路径及启示。以发达国家澳大利亚、日本、意大利，发展中国家南非、泰国为例，选取各国旅游开发与精准扶贫协同发展的经典案例，通过总结经验、归纳协同发展的路径，并结合我国的具体国情和连片特困地区乡村旅游开发与精准扶贫协同发展的现状，得到有益启示。

（4）连片特困地区旅游开发与精准扶贫协同发展的现状测度。分别构建旅游系统和精准扶贫系统的评价指标体系，运用熵值法确定两大系统各项指标的权重，利用综合发展水平函数定量分析两大系统的发展水平和两大系统之间的协同度。探讨两者协同发展的影响因素，进一步通过实地调研和深度访谈印证上述定量分析的结果。

（5）连片特困地区乡村旅游开发与精准扶贫的协同路径设计。 基于影响因素，本书从协同的基础、协同的核心、协同的保障等角度，运用圈层结构理论设计乡村旅游开发与精准扶贫的协同路径。

（6）连片特困地区乡村旅游开发与精准扶贫协同发展的对策建议。 延续路径设计的研究视角，从政府层面、企业层面、贫困人口层面提出确保两者协同发展的政策建议。

连片特困地区由于地处偏远、交通不便、自然资源和文化资源受外界干扰较少，从而保持了高档次、异质性的优势。丰富的自然人文旅游资源，不仅是中华民族优秀传统文化的精神家园，也是贫困地区精准扶贫的重要载体。

国家民族事务委员会于 2012 年颁布的《少数民族特色村寨保护与发展规划纲要（2011—2015 年）》强调，连片特困地区要"大力发展民族特色旅游业"。因此贫困、异质性的旅游资源、特困地区三者之间在地理空间上具有重合性，从而使连片特困地区的乡村旅游开发与精准扶贫之间存在交集和契合点。

激励村民参与连片特困地区的乡村旅游开发，找到本土文化的价值与潜在经济利益并享受旅游开发的成果，解决村民的可持续生计问题，增强村民的文化认同感和自豪感，吸引外出打工的青年劳动力逐渐回流，为贫困人口打开脱贫奔康大门的同时，发挥着巨大的减贫功能。研究连片特困地区旅游开发与精准扶贫的协同发展，在一定程度上为特困地区贫困人口的受益与发展开辟了新路径。

一、乡村旅游开发系统与精准扶贫系统具有协同性

1. 精准扶贫是一个动态有机的系统

一方面，系统内部贫困人口精准识别、精准帮扶、精准管理三要素相互影响、相互作用，共同指向旅游精准扶贫"扶真贫""真扶贫"目标。另一方面，系统内部要素会随着外界环境的变化作出相应调整。社会经济发展，旅游发展所处的不同阶段、贫困人口自身能力的变化、扶贫进程的不断推进，都会使贫困人口的精准识别、精准帮扶、精准管理措施和考核标准发生改变。

因此，精准扶贫系统受到内外部环境因素的影响，会不断调整、不断适应，保持动态平衡的状态。

2. 乡村旅游开发是一个动态有机的系统

旅游活动是一个复杂、开放的系统。旅游者通过交通工具实现从常住地到旅游目的地的空间转移，在旅游目的地开展吃、住、行、游、购、娱等多种综合性活动。六要素之间相互影响、相互制约，形成一个动态的有机整体。同时，旅游目的地系统包含的旅游吸引物、旅游设施和旅游服务三要素也进行良性互动：旅游吸引物是基础，旅游设施是保障，旅游服务是核心，挖掘资源内涵、保障服务供给、改善服务体验，不断增强对旅游者的吸引力，推动三要素之间相互影响、良性循环和有机互动。

3. 乡村旅游开发系统与精准扶贫系统具有显著的协同性

（1）精准扶贫系统借助旅游发展的"外源性系统"的强大推动力，带动人流、物流、资金流注入连片特困地区，打破贫困地区原有的近平衡状态，促使贫困地区内部系统进行整合和调整，带来当地经济的复兴和村民的回流。两者相互促进、协同推进，朝着共同的目标——当地村民的受益与发展呈现正相关的连续上升螺旋，产生 1+1＞2 的协同效应。在这个螺旋式不断上升的过程中，精准扶贫带来的产业溢出效应在不断协同发展的过程中对其他相关产业的发展也起到了带动关联、深度融合的催化剂作用。

（2）乡村旅游开发可以弥补连片特困地区在非农经济时代缺少产业的缺陷，通过精准扶贫开发的介入，借助外源性力量和手段，带动内源性发展，形成相互协调、共享共赢的良性动力机制，引领村民充分利用村寨生态、文化等资源要素，在城乡要素互动中，培养经济上的自我发展能力，开拓乡村旅游开发与精准扶贫协同发展的新路径，推动连片特困地区旅游的可持续发展。

二、特困地区乡村旅游开发与精准扶贫协同发展水平较低，受多种因素影响

（1）构建乡村旅游开发与精准扶贫协同发展的指标体系，基于当地村民感知的视角，从经济协同、社会文化协同、环境协同等维度，构建连片特困

地区乡村旅游开发与精准扶贫协同发展评价指标体系，并设置 21 个操作层指标。

（2）运用熵值法确定旅游系统和精准扶贫系统各项指标权重，利用综合发展水平函数来衡量两大系统的发展水平。研究表明，重庆武陵山片区各区县乡村旅游开发与精准扶贫协同发展水平均较低，旅游发展与精准扶贫发展存在协同关系，但乡村旅游发展的水平略高于精准扶贫发展的水平。村民对经济协同的感知最强烈，对精准扶贫的效益评价存在差异。

（3）正面的社会、环境因子和正面的经济效应因子对乡村旅游开发与精准扶贫的协同发展起着促进作用，负面的社会和环境效应因子会抑制乡村旅游开发与精准扶贫的协同发展，降低精准扶贫满意度。

三、连片特困地区乡村旅游开发与精准扶贫的协同路径设计，应体现"中国特色"和"地域特色"

（1）贫困人口的受益与发展，是实现乡村旅游开发与精准扶贫协同发展的基础，本地旅游产业体系的构建是两者协同发展的核心，多元主体协同机制的建立是两者协同发展的保障。

（2）基于圈层结构理论，设计连片特困地区乡村旅游开发与精准扶贫的协同路径。其中，内圈层是旅游开发的核心区，是以政企合作模式为主进行乡村旅游开发的直接受益地区。要充分利用旅游产业集群规模，发挥集聚效应，形成中心辐射功能。贫困人口主要受益于旅游产业集群的核心部门。

中间圈层是旅游开发边缘区，是以战略联合模式为主进行乡村旅游开发的直接带动型地区。中间圈层既要加强与核心区的合作，形成副中心功能，又要借助共享资源，发挥本地产业优势。贫困人口主要受益于旅游产业集群的配套延伸部门。

外圈层是旅游开发影响区，是以休闲农业与乡村旅游模式为主进行旅游开发的间接带动型地区。要充分利用核心区产业集群的"中心—外围"化过程，发展"旅游+"复合型产业，提升服务功能，注重市场补缺。贫困人口主要受益于旅游产业集群边界的服务部门和利基市场。

目 录

第1章 导 论 ... 1

1.1 研究问题的提出 ... 1
- 1.1.1 研究背景 ... 1
- 1.1.2 研究目标 ... 3
- 1.1.3 研究意义 ... 4

1.2 国内外研究现状 ... 5
- 1.2.1 旅游开发对贫困地区的积极影响 ... 5
- 1.2.2 旅游开发对贫困地区的消极影响 ... 11
- 1.2.3 旅游开发与精准扶贫的协同路径研究 ... 17
- 1.2.4 重庆武陵山片区乡村旅游开发与精准扶贫的协同路径 ... 19
- 1.2.5 研究述评 ... 21

1.3 研究思路和研究内容 ... 22
- 1.3.1 研究思路 ... 22
- 1.3.2 研究内容 ... 23

1.4 研究方法和数据来源 ... 24
- 1.4.1 研究方法 ... 24
- 1.4.2 主要数据来源 ... 25

1.5 可能的创新之处 ... 26

第2章 相关概念及理论基础 ······ 28

2.1 相关概念界定 ······ 28
2.1.1 重庆武陵山片区 ······ 28
2.1.2 精准扶贫 ······ 29
2.1.3 旅游系统 ······ 32

2.2 研究的理论基础 ······ 34
2.2.1 系统理论 ······ 34
2.2.2 协同理论 ······ 36
2.2.3 空间贫困理论 ······ 37
2.2.4 可持续生计理论 ······ 38

2.3 本章小结 ······ 40

第3章 乡村旅游开发与精准扶贫协同发展的现实需求 ······ 41

3.1 经济发展协同 ······ 41
3.1.1 打赢脱贫攻坚战的必由之路 ······ 41
3.1.2 促进农村产业创新发展的有效措施 ······ 43

3.2 社会发展协同 ······ 44
3.2.1 解决"三农"问题的根本方法 ······ 44
3.2.2 满足新时代乡村旅游需求的重要举措 ······ 45

3.3 文化发展协同 ······ 46
3.3.1 推进社会主义精神文明建设的有效途径 ······ 46
3.3.2 促进传统文化保护、传承与发展的重要手段 ······ 48

3.4 环境发展协同 ······ 49
3.4.1 推进生态文明建设的关键举措 ······ 49
3.4.2 使"乡愁"有处寄托的基本保障 ······ 50

3.5 本章小结 ······ 51

第 4 章 国际旅游扶贫的经验及启示 ·············· 53

4.1 发达国家旅游开发与精准扶贫的协同路径 ·············· 53
4.1.1 澳大利亚 ·············· 53
4.1.2 日本 ·············· 60
4.1.3 意大利 ·············· 66

4.2 发展中国家旅游开发与精准扶贫的协同路径 ·············· 72
4.2.1 南非 ·············· 72
4.2.2 泰国 ·············· 80

4.3 国际经验借鉴及启示 ·············· 85
4.3.1 国际经验 ·············· 85
4.3.2 借鉴及启示 ·············· 89

4.4 本章小结 ·············· 92

第 5 章 重庆武陵山片区乡村旅游开发与精准扶贫协同发展的实证研究 ·············· 94

5.1 评价指标体系构建的原则 ·············· 94
5.2 协同发展指标评价体系的构建 ·············· 95
5.2.1 旅游系统综合评价指标体系的构建 ·············· 95
5.2.2 精准扶贫系统综合评价指标体系的构建 ·············· 96
5.2.3 乡村旅游开发与精准扶贫协同发展的评价指标体系的构建 ·············· 96
5.2.4 指标的选取与说明 ·············· 98

5.3 案例地选择的缘由 ·············· 100
5.3.1 案例地的普适性 ·············· 100
5.3.2 案例地的典型性 ·············· 102

5.4 数据来源及处理 ·············· 104
5.5 乡村旅游开发与精准扶贫协同发展水平分析 ·············· 105
5.6 乡村旅游开发与精准扶贫协同度分析 ·············· 109

5.7 乡村旅游开发与精准扶贫协同发展的影响因素 ············· 111
  5.7.1 信度检验 ··· 111
  5.7.2 效度检验 ··· 111
  5.7.3 因子分析 ··· 112
  5.7.4 回归分析 ··· 114
  5.7.5 协同因素分析 ··· 115
5.8 访谈结果分析 ··· 115
  5.8.1 案例区概况 ··· 116
  5.8.2 新建村土家十三寨的乡村旅游发展历程 ····················· 117
  5.8.3 村民对乡村旅游开发与精准扶贫的感知态度 ················· 118
5.9 本章小结 ··· 126

第6章 乡村旅游开发与精准扶贫的协同路径设计 ············· 128

6.1 协同的基础：贫困人口受益与发展 ······························· 128
  6.1.1 旅游扶贫开发的益贫效应 ································· 129
  6.1.2 贫困人口参与乡村旅游开发 ······························· 129
  6.1.3 贫困人口的利益表达 ····································· 132
  6.1.4 贫困人口参与旅游收益的分配 ····························· 133
  6.1.5 监督控制 ··· 133
6.2 协同的核心：本地旅游产业体系的构建 ··························· 135
  6.2.1 挖掘本地特色资源 ······································· 135
  6.2.2 融合不同部门，形成并不断增强集群效应 ··················· 138
  6.2.3 提高区域协作能力，构建大旅游圈 ························· 141
6.3 协同的保障：多元主体协同机制的建立 ··························· 142
  6.3.1 扶贫主体联动 ··· 142
  6.3.2 扶贫主体与客体互动 ····································· 144
  6.3.3 多元主体协同机制的建立 ································· 147
6.4 基于圈层结构理论的协同路径设计 ······························· 149
  6.4.1 旅游开发核心区：直接受益地区 ··························· 152

        6.4.2 旅游开发边缘区：直接带动地区 ·············· 155
        6.4.3 旅游开发影响区：间接带动地区 ·············· 158
    6.5 本章小结 ··· 162

第7章 乡村旅游开发与精准扶贫协同发展的政策建议 ········· 163
    7.1 建立有利于协同发展的体制机制 ························ 163
    7.2 推动企业履行社会责任 ··································· 166
    7.3 提高贫困人口的内生能力 ································ 168
    7.4 本章小结 ··· 170

第8章 结 语 ·· 171
    8.1 主要结论 ··· 171
        8.1.1 特困地区以人文资源为载体实施乡村旅游开发和
              精准扶贫具有先天优势 ···························· 171
        8.1.2 乡村旅游开发系统与精准扶贫系统具有协同性 ······ 172
        8.1.3 特困地区乡村旅游开发与精准扶贫协同发展水平较低，
              受多种因素影响 ·································· 173
        8.1.4 连片特困地区乡村旅游开发与精准扶贫的协同路径设计，
              应体现"中国特色"和"地域特色" ················ 174
    8.2 研究展望 ··· 175

参考文献 ·· 176

**附件1 乡村旅游开发与精准扶贫协同发展的感知调查
        （村民问卷）** ·· 194

附件2 调研访谈提纲 ··· 197

第 1 章

导　论

1.1　研究问题的提出

1.1.1　研究背景

贫困问题一直威胁着人类的生存与发展，是世界性的难题。反贫困是人类共同面临的一项历史任务。为了引起国际社会对减贫问题的重视并采取具体的扶贫行动，1992 年，联合国组织将每年的 10 月 17 日确定为"国际消除贫困日"。

中国政府历来高度重视扶贫开发工作。改革开放和 1986 年开始实施的大规模开发式扶贫，特别是 2015 年启动的脱贫攻坚战，使农村绝对贫困人口的数量和贫困发生率大幅下降。全国农村贫困人口从 2010 年的 16567 万人下降到 2018 年的 1660 万人，贫困发生率从 2010 年的 17.2%下降至 1.7%，减贫幅度达 15.5%[1]，为全球减贫事业做出了重大贡献。随着扶贫工作的纵深推进，2016 年，国务院印发的《"十三五"脱贫攻坚规划》中明确提出，"到 2020 年，要稳定实现现行标准下农村贫困人口不愁吃、不愁穿，义务教

---

[1] 博鳌论坛亚洲减贫报告［EB/OL］. https://max.book118.com/html/2019/1009/8005133021002054.shtm.

育、基本医疗和住房安全有保障。""确保我国现行标准下农村贫困人口实现脱贫，贫困县全部摘帽，解决区域性整体贫困❶"。

重庆武陵山片区集革命老区、贫困地区和民族地区于一体，包括武隆区、黔江区、丰都县、酉阳土家族苗族自治县、石柱土家族自治县、彭水苗族土家族自治县和秀山土家族苗族自治县7个区（县），国土面积2.3万平方千米，户籍人口448万人，全部为国家级贫困县，现有53.1万贫困人口，贫困发生率达17.2%❷，是党中央、国务院确定的全国集中连片的特困区域，也是率先启动区域发展与扶贫攻坚的示范区❸。由于地处偏远，片区内优质旅游资源受外界干扰较少而保持了高品质、高档次的优势。近年来，重庆武陵山片区七县（区）成功创建A级景区34个，其中4A级以上景区23个，国家级旅游度假区1个，市级以上旅游度假区4个，形成武隆—彭水—黔江—酉阳民俗生态旅游精品线❹。旅游资源的富集区和贫困地区在地理空间上具有重合性，从而在"乡村旅游开发"与"精准扶贫"之间建立了紧密联系，为实施区域内的乡村旅游扶贫提供了重要的资源保障。

《武陵山片区区域发展与扶贫攻坚规划（2011—2020年）》也明确提出，要"利用丰富独特的山水生态和民族文化旅游资源优势"，加强旅游扶贫工作❺。温家宝在2012年赴武陵山片区调研时也强调，"把发展旅游业作为带动区域经济发展、增加就业机会、脱贫致富的重要途径"。因此，紧密围

---

❶ 国务院关于印发"十三五"脱贫攻坚规划的通知[EB/OL]. 中国政府网, http://www.gov.cn/zhengce/content/2016-12/02/content_5142197.htm.

❷ 冯伟林,李诗冰. 旅游扶贫中贫困人口的受益机制构建——以重庆武陵山片区为例[J]. 江苏农业科学, 2018, 46（22）: 333-336.

❸ 熊正贤,吴黎围. 进程与展望: 武陵山片区旅游发展30年[J]. 长江师范学院学报, 2016, 32（3）: 45-55.

❹ 住湘鄂渝黔全国政协委员联合提案建议. 从国家层面推动武陵山片区旅游扶贫合作[EB/OL]. https://www.cqrb.cn/html/cqrb/2019-03/10/011/content_227053.htm.

❺ 国务院扶贫开发领导小组办公室. 武陵山片区区域发展与扶贫攻坚规划（2011—2020）[EB/OL]. http://www.ndrc.gov.cn/zcfb/zcfbqt/201304/W020130425465908809159.pdf.

绕区域特色开发旅游业，鼓励村民参与旅游业，找到本土文化的价值与潜在经济利益并分享旅游开发的成果，解决村民的可持续生计问题，吸引外出打工的青年劳动力逐渐回流，在经济利益的驱动下，形成区域经济发展、贫困人口受益与发展的路径依赖，从而推动乡村旅游开发与精准扶贫的协同发展。

加快重庆武陵山片区区域发展，加大脱贫攻坚力度，"围绕发挥旅游在扩内需、稳增长、促就业、减贫困、惠民生中的独特作用"（李克强，2015.1），将乡村旅游开发与反贫困直接相连，聚焦旅游开发与贫困人口受益以及发展的协同路径，有利于深入推进西部大开发战略、保障长江流域的生态安全、促进社会和谐和各民族共同繁荣发展、缩小地区之间发展的差异，为新时期全国连片特困地区扶贫攻坚提供示范，为探索区域扶贫攻坚新模式打造样本，让"全体人民在共建共享中有更多获得感"（习近平，2015.1），对实现"我国政治稳定、民族团结、社会和谐、生态安全具有十分重要的意义"。

1.1.2 研究目标

本书的主要目的在于探寻乡村旅游开发与精准扶贫的内在关系及其协同机理，分析乡村旅游开发与精准扶贫协同发展的影响因素，并在此基础上形成相应的政策、建议，促进两者的协同发展和旅游精准扶贫体系的逐渐完善。

具体而言有三个方面的目标。

一是理论目标：以乡村旅游开发与精准扶贫内在关系探讨为支撑，以代表性案例的实证研究为依据，通过定性定量相结合的研究方法，深刻认识和准确把握贫困人口参与乡村旅游开发的协同路径，从学理上丰富和完善精准扶贫的理论体系。

二是应用目标：探讨连片特困地区实施乡村旅游开发与精准扶贫的协同路径，为其他片区开展同类研究提供范式，也为各级政府开展精准扶贫调研提供技术支持和参考依据。

三是政策目标：向国家和地方有关职能部门提供"关于连片特困地区在乡村旅游开发中打赢脱贫攻坚战的意见"政策文本参考。

1.1.3 研究意义

习近平总书记在湘西调研扶贫工作时，明确提出"精准扶贫"战略，这是党和国家在长期扶贫开发实践中凝聚的集体智慧、探索的"中国经验"、形成的"中国特色"。"围绕发挥旅游在扩内需、稳增长、促就业、减贫困、惠民生中的独特作用"，将乡村旅游开发与反贫困直接相连，聚焦乡村旅游开发与贫困人口受益以及发展的协同路径，对实现"我国政治稳定、民族团结、社会和谐、生态安全具有十分重要的意义"。

1. 学术价值

本书将"区域旅游开发"与"精准扶贫"直接相连，多层面、多维度剖析两者之间的内在联系；构建乡村旅游开发与精准扶贫协同发展的理论研究框架，定量分析两者的协同水平、协同发展的影响因素、深刻认识和准确把握贫困人口参与乡村旅游开发的协同路径，从学理上丰富和完善精准扶贫的理论体系。

2. 应用价值

本书紧扣连片特困地区乡村旅游开发与精准扶贫协同路径设计这一主题，通过理论梳理、现状分析、比较借鉴、实证分析、政策建议等几大板块的系统研究，坚持统筹发展，突破传统思维，拓展乡村旅游开发与精准扶贫的协同路径，为其他片区开展同类研究提供范式，也为各级政府开展精准扶贫调研提供技术支持和参考依据。

1.2 国内外研究现状

本书紧扣研究主题，分别从旅游开发对贫困地区的影响、旅游开发与精准扶贫的协同路径、重庆武陵山片区乡村旅游开发与精准扶贫的协同路径三个方面进行文献梳理，明晰相关问题的研究现状，为研究提供理论借鉴和逻辑起点。

1.2.1 旅游开发对贫困地区的积极影响

随着旅游产业规模的扩大、外出旅游人数逐年增加以及旅游业和其他业态的深度融合，旅游开发对全球减贫事业的贡献越来越受到人们的关注。很多发展中国家和地区纷纷把旅游业作为战略性支柱产业，把发展旅游业作为消除贫困、改善民生的重要平台。旅游在世界减贫进程中扮演着重要角色，对贫困地区的经济、社会、文化的发展和环境的改善发挥着积极作用。

1. 旅游开发的积极经济影响

1999 年，英国国际发展部（DFID）首次提出了 PPT（Pro-poor Tourism, 有助于贫困人口的旅游，即旅游扶贫）的概念，将旅游与反贫困直接相连。研究者 Caroline Asheley、Dilys Roe 和 Harold Goodwin 通过对亚洲、拉丁美洲以及南非等六个发展 PPT 概念的旅游案例区进行研究，认为发展旅游业能促进贫困地区经济的发展、增加就业机会、增加贫困人口的劳动收入[1]。上述研究为旅游扶贫的发展提供了理论基础和实证案例[2]。2002 年，联合国世

---

[1] Bennett O, Ashley C. Roe D. Sustainable Tourism and Poverty Elimination Study: A Report to the Department for International Development [R]. New York: Deloitte & Touche, 1999: 2-3.

[2] Caroline Ashley, Dilys Roe, Harold Goodwin. Pro-poor Tourism Strategies: Marking Tourism Work for the Poor [Z]. ODI, IIED, and CRT, 2001.

界旅游组织（World Tourism Organization，UNWTO）在世界可持续峰会上提出 ST-EP（Sustainable Tourism - Eliminating Poverty，消除贫困的可持续旅游）概念，强调把可持续旅游作为旅游目的地获得经济增长和贫困减缓的一种手段❶。

贫困地区由于交通闭塞、土地贫瘠，发展传统的工业和农业难以取得好的成效，但发展旅游业则具有天然优势。传统的生活方式、异域民族风情、良好的生态环境对追求返璞归真、融入自然的现代旅游者具有很强的吸引力❷。旅游业是典型的劳动密集型产业，就业门槛低，为当地村民尤其是贫困人口提供了丰富、多层次的就业机会和行业机会❸，促进了小商品经营和小微企业的发展，从而获得直接收益❹；即便是未直接参与旅游服务或从事旅游企业经营的当地居民，也可以通过向餐馆提供初级农产品的方式介入旅游供应链环节，通过多种途径从旅游发展中获得间接收益。郭舒利用产业链跟踪法对中国东北6个典型贫困地区进行了数据跟踪。研究发现：6个样本地区的旅游减贫收入指数达到了 6.21%～14.74%❺。同时，政府增加的财政收入用于旅游目的地的基础设施和旅游配套设施的建设，为当地社区接待设施的完善，文化遗产、自然环境和村落景观的保护提供了途径❻，使居

---

❶ Sofield T，De Lacy T，Lipman G，et al. Sustainable Tourism - Eliminating Poverty（ST-EP）：An Overview [M]. Gold Coast：Sustainable Tourism CRC，2004.

❷ 田敏，等. 民族旅游开发与民族村寨文化保护及传承比较研究——基于贵州、湖北两省三个民族旅游村寨的田野调查 [J]. 广西民族大学学报（哲学社会科学版），2012，34（5）：88–94.

❸ Ashley C，Boyd C，Goodwin H. Pro-poor Tourism：Putting Poverty at the Heart of the Tourism Agenda [R]. London：Overseas Development Institute（ODI），2000：1–6.

❹ Roe D，Goodwin H，Ashley C. The Tourism Industry and Poverty Reduction：A Business Primer [R]. Pro-poor Tourism Briefing，Centre for Responsible Tourism（CRT），International Institute for Environment and Development（IIED），Overseas Development Institute（ODI），2002.

❺ 郭舒. 基于产业链视角的旅游扶贫效应研究方法 [J]. 旅游学刊，2015，30（11）：31–39.

❻ Denman R，Denman J. Tourism and Poverty Alleviation：Recommendations for Action [R]. Madrid：World Tourism Organization，2004：7–8.

民获得收益。Blake[1]研究发现，政府只有制定有利于贫困人口就业的人力资源培训政策、旅游收益分配政策，才能使旅游发展真正惠及最低收入人群，使其收入增加，进而实现贫困减缓的目标[2]。

在微观层面，旅游发展对当地经济的积极影响也得到学者的研究支持[3]。Holden[4]通过实地调研发现，旅游发展对加纳埃尔米纳当地的贫困缓解具有很大的作用。杨昌盛以贵州省黔东南苗族侗族自治州的丹寨县为个案进行研究发现：借力万达旅游小镇的带动，截至2018年7月，一年时间内小镇累计接待游客量突破550万人次，全县旅游综合收入达24.39亿元，直接带动贫困人口2859户11437人增收，间接带动贫困人口1182户4729人增收[5]，在发展产业和稳定就业上产生了协同效应。李燕琴对中俄边境村落室韦的调查问卷和深度访谈证明，旅游有助于增加当地的就业机会，促进产业结构的优化，为传统手工艺品、农副产品和食品打开销路，提高居民的收入水平，有利于贫困减缓[6]。

2. 旅游开发的积极社会影响

旅游业的发展，为当地居民接触外部世界创造了机会，改变了其落后观

---

[1] Blake A, Arbache J S, Sinclair M T, et al. Tourism and Poverty Relief [J]. Annals of Tourism Research, 2008, 35（1）：107–126.

[2] Saayman M, Rossouw R, Krugell W. The Impact of Tourism on Poverty in South Africa [J]. Development Southern Africa, 2012, 29（3）：462–487.

[3] Muganda M, Sahli M, Smith K A.Tourism's Contribution to Poverty Alleviation：A Community Perspective from Tanzania [J]. Development Southern Africa 2010,（27）：629–646.

[4] Holden A, Sonne J, Novelli M. Tourism and Poverty Reduction：An Interpretation by the Poor of Elmina, Ghana [J]. Tourism Planning & Development, 2011, 8（3）：317–334.

[5] 杨昌盛. 万达小镇运营一周年，带动旅游综合收入近25亿元，16000贫困人口增收 [EB/OL]. http://www.gzfp.gov.cn/ywgz/shfp/201807/t20180718_2550367.html.

[6] 李燕琴. 旅游扶贫中社区居民态度的分异与主要矛盾——以中俄边境村落室韦为例 [J]. 地理研究, 2011, 30（11）：2030–2042.

念❶，增强了旅游经营意识❷，提升了当地劳动力的整体素质，提高了居民的生活质量❸；旅游多样的聘用形式消除了就业的性别歧视、为妇女提供了就业机会，增强了其经济独立性❹，妇女被认为是旅游发展的最大受益者。她们的先天优势（具有亲和力）和某些特长（烹饪、缝制、清洁和其他技能）在对游客服务中找到了用武之地，很容易获得工作机会并获得收入❺。

　　Zapata 等发现，尼加拉瓜旅游业发展中，女性从业人员占比 45%，她们从事旅游服务，从原来无报酬的家庭主妇转变为获得工资收入的稳定从业者，这在一定程度上提升了女性的社会地位❻。Willinson 通过对印度尼西亚的传统渔村 Pangandaran 进行研究，也证实了贫困地区开展旅游活动，使妇女在服务行业获得了更多的就业机会，提高了其对家庭生活的控制能力❼。Truong 对越南旅游扶贫项目进行研究发现，当地的妇女通过向旅游者销售传统手工艺品获得收入，经济收入的增加使得她们在家庭决策和消费支出方面的权利明显提升❽。我国学者赵捷阐述了云南各少数民族妇女凭借其性别优势、性格特征为当地旅游业带来的积极社会效应❾，如促进少数民族妇女自

---

❶ 何景明，李辉霞，何毓成，等. 四川少数民族自治区域旅游开发与贫困缓解[J]. 山地学报，2003，21（4）：442-448.

❷ 黄国庆. 国内旅游扶贫研究综述[J]. 安徽农业科学，2013，41（13）：5821-5824.

❸ 丁焕峰. 国内旅游扶贫研究述评[J]. 旅游学刊，2004，19（3）：32-36.

❹ Paul Brunt, Paul Courtney. Host Perceptions of Sociocultural Impacts. Annals of Tourism Research, 1999, 26 (3): 493-515.

❺ Butler R, Curran R, O'Gorman K D. Pro-poor Tourism in a First World Urban Setting: Case Study of Glasgow Govan [J]. International Journal of Tourism Research, 2013, 15 (5): 443-457.

❻ Zapata M J, Hall C M, Lindo P, et al. Can Community—Based Tourism Contribute to Development and Poverty Alleviation? Lessons from Nicaragua [J]. Current Issues in Tourism, 2011, 14 (8): 725-749.

❼ Willinson P F, Pratiwi W. Gender and Tourism in an Indonesian Village [J]. Annals of Tourism Research, 1995, 22 (2): 283-299.

❽ Truong V D, Hall C M, Garry T. Tourism and Poverty Alleviation: Perceptions and Experiences of Poor People in Sapa, Vietnam [J]. Journal of Sustainable Tourism, 2014, 22 (7): 1071-1089.

❾ 赵捷. 云南旅游业中的民族妇女角色分析[J]. 云南民族学院学报，1994（2）：65-69.

身的发展[1]、推动旅游业的可持续发展和民族优秀传统文化的传承[2]。

3. 旅游开发的积极文化影响

旅游开发突破了传统社会的封闭格局，其开发度、外向度大大提高[3]，不仅给社区居民带来了经济利益，也使社区居民在旅游发展中不同程度地认识到自己文化的价值[4]，对增强社区内部族群文化认同和社区族群文化传承的动力[5]、推动民族传统文化的保护与复兴起到了积极作用[6]。

张波以云南丽江为个案，分析了旅游开发对目的地文化的影响，认为旅游使社区成为自身文化展演的大舞台，为身处其中的居民提供了新的收入来源，改造了社区原有的社会结构，重构了地方文化体系，保存了一些原本趋于消亡的文化要素，让素有"音乐化石"之称的纳西古乐焕发新活力，增强了旅游目的地居民的民族文化认同[7]，让传统文化在与旅游者的互动中得到创新发展。美国的 ATA 协会（Association of Talent Agents，帮助手工工匠协会）自 20 世纪 80 年代以来，一直致力于培训手工艺人的生产技能和商业能力，为发展中国家提供满足手工艺品市场需求的产品开发和就业机会，在旅游开发与传统文化的保护之间架起了一座桥梁。在帮助手工工匠协会的努力

---

[1] 刘韫. 乡村旅游对民族社区女性的影响研究——四川甲居藏寨的调研 [J]. 青海民族研究，2007，(4)：30-33.

[2] 王兰. 民族旅游对少数民族妇女的影响——以云南为例 [J]. 经济师，2006（3）：118-120.

[3] 孙九霞. 传承与变迁——旅游中的族群与文化 [M]. 北京：商务印书馆，2012.

[4] 张晓萍，李芳，王尧，等. 从经济资本到文化资本和社会资本——对民族旅游文化商品化的再认识 [J]. 旅游研究，2009，1（01）：13-19.

[5] Cochrane J. Tourism and Conservation in Bromo Tengger Semeru National Park，East Java [Z]. Hull：University of Hull Mountain-Forum Online Library Document，1997.

[6] 杨慧. 民族旅游与族群认同、传统文化复兴及重建——云南民族旅游开发中的"族群"及其应用泛化的检讨 [J]. 思想战线，2003（01）：41-44，79.

[7] 张波. 论旅游对接待地社会文化的积极影响——以云南丽江为例 [J]. 云南民族大学学报（哲学社会科学版），2004，21（4）：68-71.

下，很多发展中国家的手工艺重获新生、得以复兴，贫困的工匠们也获得了收入和就业机会❶。因此，何景明指出旅游在选择性强化当地传统与文化的基础上，使各少数民族的节日、住宅、庆典、祭祀、婚俗、语言、文字及生产方式等习俗得到了挖掘与恢复，构成了独特的旅游产品，得到外部世界的普遍关注，获得了更大的发展空间和更多的发展机遇，直接或间接地推动了传统文化的保护❷，有助于传统文化的传播、交流，增强了民族文化与世界文化的对接❸，在淡化地域边界的同时，强化了民族的边界，为当地特色文化的传承提供了动力❹。

4. 旅游开发的积极环境影响

适度开发、经营管理得当的情况下，旅游发展和生态环境保护并不冲突，能够为生态环境的改善创造条件。一方面，贫困地区的旅游发展扩大了经济收入来源，为当地生态环境的保护提供了资金；另一方面，旅游发展可以遏制传统林牧业对资源环境的掠夺式开发，充分发挥人文、社会资源的比较优势，减轻对自然资源的过度依赖❺，提供可持续发展的机会，让当地居民看到旅游生态环境的价值，逐渐改变传统的生计模式，提高环保意识，这具有一定的环境正效应❻，能有效解决区域性发展劣势而导致

---

❶ 李金早. 当代旅游学 [M]. 北京：商务印书馆，中国旅游出版社，2018.

❷ 何景明. 边远贫困地区民族村寨旅游发展的省思——以贵州西江千户苗寨为中心的考察 [J]. 旅游学刊，2010，25（02）：59-65.

❸ 田敏，等. 民族旅游开发与民族村寨文化保护及传承比较研究——基于贵州、湖北两省三个民族旅游村寨的田野调查 [J]. 广西民族大学学报（哲学社会科学版），2012，34（5）：88-94.

❹ 杨艳. 旅游发展对民族地区传统文化复兴的影响思考——以湖南省湘西凤凰县为例 [J]. 怀化学院学报，2011，30（10）：20-21.

❺ 常慧丽. 生态经济脆弱区旅游开发扶贫效应感知分析——以甘肃甘南藏族自治州为例[J]. 干旱区资源与环境，2007，21（10）：125-130.

❻ 李佳，钟林生，成升魁. 民族贫困地区居民对旅游扶贫效应的感知和参与行为研究——以青海省三江源地区为例 [J]. 旅游学刊，2009，24（08）：71-76.

的贫困问题❶。

1.2.2 旅游开发对贫困地区的消极影响

旅游在减贫中的作用得到了世界各国的承认，众多学者也认同旅游业是发展中国家缓解贫困的有效工具，在世界减贫事业中承担着关键角色，发挥着重要作用❷。但旅游发展所带来的负面效应也不容忽视，批判的焦点主要集中在以下几个领域。

1. 旅游开发的消极经济影响

旅游开发促进经济增长的同时，忽略了与乘数理论同根相生的漏损理论❸。缺乏资金和技能的贫困人口参与旅游业有限，难以得到旅游收益，旅游正效应较多地被社区精英所占有❹，贫困村民的经济受益有限❺，会弱化旅游扶贫开发的益贫性❻。

Regina Scheyvens 和 Janet H. Momsen 两位研究者以马尔代夫岛屿地区旅游发展为例，研究发现：该地区发展旅游业存在经济增长对旅游业依赖程度高、旅游漏损严重、贫富差距悬殊等问题，真正的贫困人口从旅游发展

---

❶ 良警宇. 旅游开发与民族文化和生态环境的保护：水满村的事例[J]. 广西民族学院学报（哲学社会科学版），2005，27（1）：54-58.

❷ Woodward D，Simms A，Murphy M. Growth isn't Working：The Unbalanced Distribution of Benefits and Costs from Economic Growth [R]. London：New Economics Foundation，2006：32.

❸ 林红. 对"旅游扶贫"论的思考——建议西部旅游开发[J]. 北京第二外国语学院学报，2000（5）：73-77.

❹ 刘筱筱. 旅游扶贫的经济风险及应对策略探析[J]. 商业经济，2006，(12)：86-92.

❺ Walpole J M，Goodwin J H. Local Economic Impacts of Dragon Tourism in Indonesia[J]. Annals of Tourism Research，2000，27（3）：136-147.

❻ 李耀锋. 需求、资源与能力：旅游开发致贫效应的机理分析——基于赣琼两个旅游村的实地调研[J]. 学术论坛，2015，38（10）：116-123.

中受益有限。由于岛屿旅游接待设施的产权被国外酒店集团拥有，虽然给本国财政带来了大量税收，但核心管理层人员由集团外派，当地居民从事的仅仅是无须太多技能的岗位，由于缺少劳动者基本权利保障和最低工资支付标准，很多当地居民不愿意去岛上工作，不可避免地造成了旅游收入漏损。更糟糕的是，岛屿本来淡水资源有限，新鲜蔬果缺乏，这些稀缺资源还要优先满足游客的需要，导致当地居民基本生活资源缺乏，甚至造成本地居民中，5岁以下的儿童有30%处于营养不良状态。由此可见，岛屿旅游的发展，通过税收获利只给少数精英阶层和外来投资者带来了真正的利益，而普通百姓没有从中受益，却受到了旅游开发带来的负面经济效应的影响，导致贫富悬殊和基本生活质量的下降❶。

Mograbi 和 Rogerson 通过对南非夸祖鲁—纳塔尔省索德瓦纳湾的旅游进行研究发现，尽管旅游业对索德瓦纳湾贫困减缓有一定的作用，但当地旅游发展的主要受益群体是白人，而当地的贫困人口仍然贫困，可能陷入了旅游扶贫开发的陷阱❷。Manyara 等在对肯尼亚的研究中发现，由于外部力量拥有绝对控制权，旅游发展并没有使当地社区居民获得实质性收益，反而有加深贫困的可能❸。对此，一些学者通过田野调查、深度访谈也发现了经验证据。如 Manyara 和 Jones 运用半结构化深度访谈，以肯尼亚某个旅游企业的社区为例，研究发现旅游发展并未明显减缓贫困，从事景区保洁、安保、对客服务等旅游基层部门的贫困人口收入较低，而中高层管理者收入较高，进一步增强了收入分配的不平等性。

---

❶ Regina Scheyvens, Janet H. Momsen. Tourism and Poverty Reduction: Issues for Small Island States [J]. Tourism Geographies, 2008, 10 (1): 22–41.

❷ Mograbi J, Rogerson C M. Maximizing the Local Pro-poor Impacts of Dive Tourism: Sodwana Bay, South Africa [J]. Urban Forum, 2007, 18 (2): 85–104.

❸ Manyara G, Jones E. Community—Based Tourism Enterprises Development in Kenya: An Exploration of their Potential as Avenues of Poverty Reduction [J]. Journal of Sustainable Tourism, 2007, 15 (6): 628–644.

2. 旅游开发的消极社会影响

快速发展的旅游业脱贫效果显著，但也引发了一系列社会问题，给村民的家庭关系、邻里交往和社区活动带来了消极影响[1]。大量游客、外来经营者的涌入打破了千百年邻里守望的社会传统氛围，原本擅长田间劳作的村民蜕变为旅游从业者，民族文化遭受冲击，传统价值观面临挑战，收入分配不均导致贫富差距拉大，各种社会矛盾凸显[2]。在旅游地不同利益主体的权利格局中，拥有更多社会资本和物质资本的外来经营者和当地村民在旅游发展中受益更多[3]，"他们占据了最好的商业地段，开起了各种商业店铺，他们的存在让人毫无招架之力，本地人中的富裕阶层也通过旅游业的发展增强其经济实力，从而导致外地人与本地人、本地人之间的收入差距不断增大，造成新的社会不公平现象[4]"。贫困者很难公平享受旅游收益，被排斥在受益人群之外[5]，在社区发展决策中的经济地位相对下降，逐渐失去社会地位和公平发展的权利，贫困居民因权利的缺失造成旅游参与的失败，从而加深了相对贫困[6]。

---

[1] 吴悦芳，徐红罡. 大理古城旅游房地产的发展及社会文化影响研究[J]. 人文地理，2010（4）：102-114.

[2] Yim King, Penny Wan, Xiangping Li. Sustain Ability of Tourism Development in Macao, China [J]. International Journal of Tourism Research, 2013, 15（1）.

[3] Shah K. Tourism, The Poor and other Stakeholders: Asian Experience [Z]. ODI Fair-Trade in Tourism Paper, London: ODI, 2000.

[4] Ross GF. Resident Perception of the Impact of Tourism on an Australian City [J]. Journal of Travel Research, 1992, 30（3）：13-19.

[5] 刘旺，吴雪. 少数民族地区社区旅游参与的微观机制研究——以丹巴县甲居藏寨为例[J]. 四川师范大学学报（社科版），2008（02）：140-144.

[6] Gascón J. Pro-poor Tourism as a Strategy to Fight Rural Poverty: A Critique [J]. Journal of Agrarian Change, 2015, 15（4）：499-518.

3. 旅游开发的消极文化影响

旅游对文化的影响是整个旅游影响中的重中之重，涌现出大量的研究成果[1]。国内外研究者关于旅游对文化影响的研究主要集中在旅游对目的地居民文化认同的影响[2][3]、对民族工艺品的影响[4]、对民族文化本真性的影响[5][6]等领域。

Oake 在对中国贵州两个民族旅游村寨田野调查的基础上，从当地的经济、社会、文化的关系来探讨旅游对目的地居民的文化认同的影响。研究指出，由于东西部社会经济发展客观存在的差异，可能会产生新的文化霸权，旅游对民族地区经济发展的作用值得商榷[7]。Smith 研究发现，外来文化冲击导致贫困地区犯罪率提高以及当地文化舞台化、商品化，失去本真。不过这种消极影响在具有不同传统信仰的地区会有所不同[8]。民族工艺品失去了传统的意义，从前为宗教或仪式生产的制品，如今成为供旅游者购买的旅游商品[9]。传统民俗不断舞台化和商品化，泸沽湖村民的唱歌、跳舞等娱乐活动，

---

[1] 孙九霞，马涛. 旅游对目的地社会文化影响研究新进展与框架 [J]. 求索，2009（06）：72-74.

[2] Esman M. Tourism as Ethnic Preservation: The Cajunsof Louisiana [J]. Annals of Tourism Research，1984，(11)：451-468.

[3] 吴其付. 民族旅游与文化认同：以羌族为例 [M]. 北京：人民出版社，2015.

[4] Graburn N, et al. Ethnic and Tourist Arts: Cultural Expressions from the Fourth World [M]. Berkeley and Los Angeles: University of California Press，1976.

[5] Brewer J. Tourism and Ethnic Stereotypes: Variations in a Mexican Town [J]. Annals of Tourism Research，1984，11 (1)：487-495.

[6] 田敏. 民族社区社会文化变迁的旅游效应再认识 [J]. 中南民族大学学报：人文社会科学版，2003（5）：40-44.

[7] Oake T. Tourism and Modernity in China [M]. London; New York: Routledge，1998.

[8] Smith V, et al. Hosts and Guests: The Anthropology of Tourism（2nd ed.）[M]. Philadelphia: University of Pennsylvania Press，1989.

[9] 李星明，赵良艺. 旅游者对发展中国家的旅游地社会文化影响研究 [J]. 华中师范大学学报：自然科学版，2002，36（2）：254-256.

在旅游开发的浪潮中为取悦旅游者而进行杜撰或编改[1]，哈尼族长街宴为满足游客的需要已经包装成旅游节庆产品和特色餐饮[2]，旅游目的地文化的真实性备受质疑[3]。

因此，艾菊红认为旅游业虽然给传统文化带来了表面上的繁荣与复兴，但却弱化了其原有的本真内涵，使其成为纯粹的商业活动而对村民自身失去意义，给传统文化的保护与发展带来消极影响[4]。过快的旅游发展和文化商品化、庸俗化的趋势可能使旅游目的地部分人的道德观扭曲，心理失衡[5]，造成犯罪案件增加[6]，引发居民文化认同和生活方式的变化[7]。

4. 旅游开发的消极环境影响

过度的旅游开发，给当地的自然、生态环境造成压力，可能会对大气环境、水环境、旅游地景观环境、动植物生长环境乃至旅游地居民的心理环境造成不同程度的影响[8]，引起大气污染、水体污染、景区灾害、植被覆盖率

---

[1] 李子明，路幸福，邓洪波，等. 旅游发展对泸沽湖地区居民生产生活方式的影响研究 [J]. 资源开发与市场，2014，30（6）：740-744.

[2] 唐雪琼，钱俊希，陈岚雪. 旅游影响下少数民族节日的文化适应与重构——基于哈尼族长街宴演变的分析 [J]. 地理研究，2011，30（5）：835-844.

[3] 杨振之，胡海霞. 关于旅游真实性问题的批判 [J]. 旅游学刊，2011，184（12）：78-83.

[4] 艾菊红. 文化生态旅游的社区参与和传统文化保护与发展——云南三个傣族文化生态旅游村的比较研究 [J]. 民族研究，2007（04）：49-58，108-109.

[5] 章磊，阎伍玖，刘惠兰. 试论古村落旅游地开发的社会文化影响——以西递、宏村为例 [J]. 安徽农学通报，2007，13（23）：11-13.

[6] 张晓萍，李芳，王尧，等. 从经济资本到文化资本和社会资本——对民族旅游文化商品化的再认识 [J]. 旅游研究，2009，（1）：13-19.

[7] Wall G. Rethinking Impacts of Tourism [J]. Progress in Tourism and Hospitality Research，1996，（2）：207-215.

[8] Mathiseon A G. Wall. Tourism: Economic, Physical and Social Impacts [M]. New York: Longman Inc., 1982.

降低、生活垃圾污染等一系列环境问题❶。消极环境影响主要表现在：大量的基础设施和旅游设施的兴建，使贫困人口失去土地、森林等自然资源，致使当地农田减少，消耗的大量水资源导致灌溉能力减弱，居民赖以生存的产业受到影响，严重威胁到当地人的生存❷；自然资源的衰退和减少，使当地村民很难收集柴木和其他物品❸。Gurung 通过对尼泊尔的加奥里帕尼地区进行研究发现，山地旅游活动的开展导致当地森林覆盖面积以每年 1 公顷（1 公顷=10000 平方米）的速度减少，森林资源的锐减导致当地居民很难找到木材和依靠森林资源进行生产生活，产生了巨大的旅游发展成本❹；对海滨旅游地水体造成的污染造成了更为严重的后果，泰国、印度尼西亚、马尔代夫、地中海沿岸地区由于水源被污染，造成了海水水质、旅游环境质量降低，旅游吸引力减弱❺；旅游基础设施的建设导致旅游地局部植被覆盖率降低、土壤结构变化，引发水土流失、滑坡、崩塌等地质灾害❻；污水排放造成的水污染、汽车尾气引起的空气污染、旅游活动引起的噪声污染使得当地环境问

---

❶ 陈巧，周燕芳. 对西部贫困地区旅游开发带来的环境问题的思考 [J]. 内蒙古科技与经济，2006（17）：10–12.

❷ Wall G. Perspectives on Tourism in Selected Balinese Villages [J]. Annals of Tourism Research. 1996, 23（1）：123–137.

❸ Cater E. Environmental Contradictions in Sustainable Tourism. The Geographical Journal [J]. 1995, 161（1）：21–28.

❹ Gurung H. Environmental Management of Mountain Tourism in Nepal [Z]. Report on Study Conducted for Economic Social Commission for the Asia and the Pacific（ESCAP），Bangkok，New York：United Nations（ST/ESCAP/959），1991.

❺ Dixon J K，Hamilton S. Pagiola and L. Segnestam. Tourism and the Environment in the Caribbean：An Economic Framework. The World Bank Environment Department，Environmental Economics Series，2011（80）：1–48.

❻ 高翔. 近十五年来旅游环境影响研究综述——基于国内旅游期刊的统计分析 [J]. 广西广播电视大学学报，2016, 27（4）：79–83.

题日益突出❶。

1.2.3 旅游开发与精准扶贫的协同路径研究

在旅游开发与精准扶贫协同路径的探讨上，国外研究者从政策制定、社区参与、发展文化遗产旅游、社区旅游、乡村旅游、生态旅游等方面进行了分析。

Winter 提出政策的制定对区域旅游开发与精准扶贫协同发展有着重要意义❷；Hampton 认为文化遗产旅游在提高居民生活水平、保护当地文化、推动文化交流等方面具有明显的正效应。印度尼西亚爪哇婆罗浮屠遗产地的居民通过沿街叫卖的方式出售旅游纪念品、香烟、甜食，或成为私企、公园的正式员工以参与旅游业，他们的旅游收入直接来源于游客的消费❸。收入的增加让当地居民增强了本土文化自豪感，加强了当地居民与游客之间的友好信任与交流❹。Meyer 指出，社区公益旅游（Community Benefit Tourism）能更好地促进当地经济发展，更有效地保护社区传统文化，是比较理想的旅游扶贫方式❺。但在社区参与的实践中，由于社区居民缺乏参与旅游业的基本技能、资源、经验和客源信息渠道，从而影响了旅游减贫效应的发挥❻。Dixey 的研究认为：社区旅游要成功，必须引入外来资本，加强与私人企业

---

❶ Croall J. Preserve or destroy: Tourism and Environment [M]. London: Calouste Gulbenkian Foundation, 1995.

❷ Winter P, Corral L, Mora A M. Assessing the Role of Tourism in Poverty Alleviation: A Research Agenda [J]. Development Policy Review, 2013.

❸ Hampton M P. Heritage, Local Communities and Economic Development [J]. Annals of Tourism Research, 2005, 32 (3): 735–759.

❹ Mitchell J, Ashley C. Tourism and Poverty Reduction: Pathways to Prosperity [M]. UK: The Cromwell Press Group, 2010.

❺ Meyer D. Pro-poor Tourism—Can Tourism Contribute to Poverty Reduction in Less Economically Developed Countries [A]. Cloles, Morgann. Tourism and Inequality: Problems and Prospects [C]. ODI, 2010, 164–182.

❻ Scheyvens R. Tourism and Poverty [M]. London; NewYork: Routledge, 2011.

的合作，合资企业的发展模式才是最佳选择。因此，社区旅游企业（Community-Based Tourism Enterprises）在肯尼亚的经济发展中备受青睐❶。Jenny Briedenhann 和 Eugenia Wickens 梳理了乡村旅游开发在帮助贫困地区实现经济发展、生活水平提高、改善环境、复兴文化方面发挥的积极作用。随后通过焦点小组讨论、半结构化访谈、问卷调查、德尔菲专家意见咨询等方法，分析了南非通过乡村旅游发展缓解地区贫困的经验，总结出非洲地区的可持续旅游发展应坚持在政府导向、社区居民赋权参与、保持地方传统文化基础上，协调各利益主体、构建合理的利益分配机制、确保社区居民普遍受益，这才是旅游开发和精准扶贫协同发展的必经之路❷。

国内研究者从转变政府职能、社区参与、赋权与增权、产业融合、发展乡村旅游、生态旅游、文化旅游等方面对如何拓展旅游开发与精准扶贫的协同路径进行了探索。何景明认为，要简政放权，转变政府职能，选择当地村民受益的旅游形式，以实现旅游开发与精准扶贫的良性循环❸。王汝辉通过对典型案例进行历时和共时对比分析，提出政府赋权、界定清晰产权边界，构建社区收益权得以实现的合理利益分配机制是民族村寨参与旅游、强化传统文化保护的内生发展方向和应遵循的基本原则❹。田敏等基于贵州、湖北两省三个民族旅游村寨的田野调查，提出加强政府有效主导，构建有效的社区参与机制，从文化空间和文化产品内涵两方面把握文化开发的"度"，因

---

❶ Geoffrey Manyara, Eleri Jones. Community—Based Tourism Enterprises Development in Kenya: An Exploration of Their Potential as Avenues of Poverty Reduction [J]. Journal of Sustainable Tourism, 2007, 15 (6): 628–644.

❷ Jenny Briedenhann, Eugenia Wickens. Tourism Routes as a Tool for the Economic Development of Rural Areas—Vibrant Hope or Impossible Dream? [J]. Tourism Management, 2004 (25): 71–79.

❸ 何景明. 四川少数民族自治区旅游开发与贫困减缓 [J]. 山地学报, 2006, 21 (4): 442–447.

❹ 王汝辉. 民族村寨社区参与旅游制度与传统文化保护比较研究 [M]. 北京: 人民出版社, 2012.

地制宜选择民族旅游开发的模式是实现两者协同发展的关键路径❶。豆书龙、叶敬忠提出旅游开发与脱贫攻坚的协同发展，需要统筹落实相关体制和机制，鼓励产业的多元化发展，培养村民的主体意识，推动脱贫攻坚和乡村振兴的有机衔接❷。孔祥利、夏金梅则认为贫困地区经济发展的出路在于三产融合，要实现乡村振兴与三产融合发展的协同推进❸。王美钰等借助个案分析广西少数村寨实施生态旅游扶贫面对的障碍性因素，提出实施"生态+"战略，提升社区居民参与旅游经营决策和旅游收益分配的话语权，建立生态旅游扶贫和民族村寨资源保护永续发展的长效机制❹。杨振之提出把发展乡村旅游和文化旅游作为提高扶贫精度、促进旅游可持续发展的重要抓手❺。

1.2.4　重庆武陵山片区乡村旅游开发与精准扶贫的协同路径

研究者从构建旅游扶贫合作平台，财政扶持，社区参与，加强旅游营销，产业融合，发展乡村旅游、生态旅游、文化旅游、体育旅游等方面，对如何拓展重庆武陵山片区旅游开发与精准扶贫的协同路径进行了探索。

汪章飞以重庆武隆为个案，提出整合旅游资源，加强基础配套设施建设，构建旅游扶贫合作发展平台和建立文化旅游产业融合发展示范区，探索旅游扶贫和生态环境建设的共赢机制❻。刘钰佳等从财政扶持的视角提出实行"奖

---

❶ 田敏，撒露莎，邓小艳. 民族旅游开发与民族村寨文化保护及传承比较研究——基于贵州、湖北两省三个民族旅游村寨的田野调查[J]. 广西民族大学学报（哲学社会科学版），2012，34（05）：88-94.

❷ 豆书龙，叶敬忠. 乡村振兴与脱贫攻坚的有机衔接及其机制构建[J]. 改革，2019（01）：19-29.

❸ 孔祥利，夏金梅. 乡村振兴战略与农村三产融合发展的价值逻辑关联及协同路径选择[J]. 西北大学学报（哲学社会科学版），2019，49（02）：10-18.

❹ 王美钰，吴忠军，侯玉霞. 广西少数民族特色村寨生态旅游扶贫与乡村振兴路径研究[J]. 广西广播电视大学学报，2019，30（01）：52-55.

❺ 杨振之. 城乡统筹下农业产业与乡村旅游的融合发展[J]. 旅游学刊，2011（10）：10-11.

❻ 汪章飞. 武陵山集中连片贫困地区旅游扶贫发展分析——以重庆武隆为例[J]. 重庆与世界，2013（3）：12-14.

优扶强"的财政政策,加大对旅游产业的扶持力度并加强对旅游人才的培养,构建梯度旅游人才体系是确保重庆武陵山片区乡村旅游开发与精准扶贫协同发展的核心要素❶。赵翠认为社区参与旅游发展,能有效改善当地居民的贫困状况,在居民参与能力、参与深度、参与模式、参与机制、参与旅游收益分配等方面进行深入研究,确保当地居民的受益与发展是推动乡村旅游开发和精准扶贫协同发展的动力❷。许建等认为推动武陵山片区乡村旅游开发与全面建成小康社会的协同发展,其关键在于扩大旅游目的地营销,重视旅游产品的开发设计,加强旅游资源和生态环境的保护❸。粟娟以武陵源为例,通过实地调查和深度访谈,提出乡村旅游开发与精准扶贫的协同发展离不开农旅融合❹。孙志国分析了武陵山片区景区开发现状,提出完善旅游基础设施配套、创建全国特色旅游景观名村、加强乡村旅游开发是实现乡村旅游开发与精准扶贫协同发展的有效途径❺。贾瑞光等则从体育生态文化的视角,分析了武陵山片区少数民族体育生态资源的保护、开发问题,提出推动旅游开发与精准扶贫的协同发展,应构建民族体育生态、文化旅游的框架模式,充分挖掘民族传统体育赛事、攀岩、龙舟等体育品牌的资源潜力❻。

---

❶ 刘钰佳. 基于财政扶持视角下的武陵山片区旅游扶贫对策研究 [J]. 农业经济与科技,2015(1):142–144.

❷ 赵翠. 民族地区社区参与型旅游反贫困的研究——以张家界武陵源区为例 [J]. 中国商贸,2013(4):125–126.

❸ 许建,尹华光. 全面建设小康社会背景下的武陵山区旅游业开发 [J]. 商业研究,2006(4):141–144.

❹ 粟娟. 武陵源旅游扶贫效益测评及其优化 [J]. 商业研究,2009(9):205–208.

❺ 孙志国. 武陵山片区旅游名镇名村打造与乡村旅游扶贫开发研究 [J]. 安徽农业科学,2012(10):17181–17183.

❻ 贾瑞光,栾桂芝,谢光. 武陵山区少数民族体育生态文化旅游发展现状及其优势 [J]. 大连民族学院学报,2014(7):430–432.

1.2.5 研究述评

自英国国际发展局（DFID）在可持续发展委员会报告中首次提出 PPT 的概念以来，旅游的减贫效应受到国内外研究者的广泛关注，旅游发展与贫困减缓之间的关系也备受争议。以 Muganda❶为代表的学者认为旅游发展有利于贫困减缓，是发展中国家缓解贫困问题的有效工具；以 Manyara❷为代表的学者则认为旅游发展并没有使当地社区居民受益，反而有加深贫困的可能。为此，国内外研究者通过大量研究，提出了坚持政府主导、社区参与、城乡统筹、产业融合、活化乡村，发展文化旅游、乡村旅游、生态旅游等有利于贫困人口受益与发展的对策建议，提高旅游开发的益贫性。贫困地区的旅游开发缺乏资金投入、市场开拓、服务技能等，单纯依靠当地政府、社区居民的力量，很难对客源市场产生吸引力。借助外来资本、先进的服务管理经验和较强市场开拓能力的注入，吸引更多的旅游者，消除社区经营旅游的障碍性因素，是目前贫困地区发展旅游的普遍选择。在这个过程中，当地政府需要在制度设计、旅游收益分配、居民参与能力培育、基础设施建设、旅游发展环境营造等方面下功夫，提供必要的政策支持和配套服务，为旅游减贫效应的发挥提供基础和保障。诚然，外来旅游投资者要想获得可持续收益就必须认识到，资源、环境是旅游发展的基础，和社区居民建立合作共享的关系是保障。为了引导当地居民积极参与旅游业、保护当地的资源和环境，投资者会主动拿出一部分旅游收益与居民分享，激励居民支持旅游业的发展。随着旅游业发展所处阶段的变化，企业社会责任感不断增强，贫困人口

---

❶ Muganda M, Sahli M, Smith K A. Tourism's Contribution to Poverty Alleviation: A Community Perspective from Tanzania [J]. Development Southern Africa, 2010 (27): 629-646.

❷ Manyara G, Jones E. Community—Based Tourism Enterprises Development in Kenya: An Exploration of their Potential as Avenues of Poverty Reduction [J]. Journal of Sustainable Tourism, 2007, 15 (6): 628-644.

在旅游发展中获得的经济收益和份额会不断提高，旅游的益贫性作用显著。基于以上认识，本书倾向支持"**乡村旅游发展有利于贫困减缓**"的观点。正如 Mathieson & wall 所说，旅游发展对贫困地区所造成的经济影响总体来说是有益的。

现有研究成果为本书提供了理论借鉴和逻辑起点，但某些领域的研究比较薄弱，有待深入。本书首先在研究内容上：①加强对精准扶贫的理论探讨，关注乡村旅游开发与精准扶贫的内在关系；②从单一方面入手转向系统研究乡村旅游开发与精准扶贫的协同发展；③进一步从学理和实践层面探讨连片特困地区乡村旅游开发与精准扶贫协同路径研究，对不同国家和地区的特色经验进行总结和比较性研究。其次在研究对象上，瞄准身处贫困问题漩涡中心的贫困人口，着眼于乡村旅游开发对贫困人口的受益与发展深入研究。最后在研究方法上，加强定性与定量相结合的研究，增强研究成果对实践的指导意义。

1.3 研究思路和研究内容

1.3.1 研究思路

本书总体上遵循由理论研究到实证研究，再到政策研究的思路。通过梳理已有理论基础，科学界定区域乡村旅游开发与精准扶贫的内涵、特征、构成要素，系统解析乡村旅游开发与精准扶贫的内在关系，搭建本书研究理论框架（见图1-1）。在理论研究基础上，通过分析国际案例、吸收借鉴国际经验，进一步修正理论框架；并选择具有代表性的连片特困区域（重庆武陵山片区）作为典型样本进行实证调研，在协同的基础、协同的核心、协同的保障性要素分析的基础上，基于圈层结构理论设计乡村旅游开发与精准扶贫的协同路径。最后，从政府、企业和贫困人口的维度方面，提出相应的政策建议。

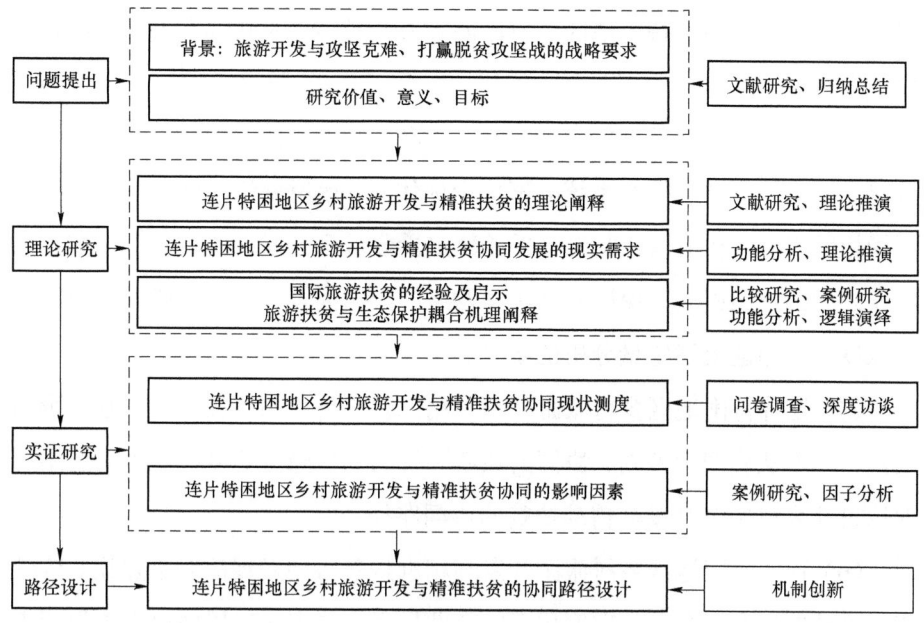

图 1-1 本书的研究理论框架

1.3.2 研究内容

（1）连片特困地区乡村旅游开发与精准扶贫的理论阐释。研究连片特困地区旅游精准扶贫的内涵、特征、构成要素等，以及乡村旅游开发与精准扶贫的交互关系，厘清连片特困地区乡村旅游开发与贫困人口受益发展、精准脱贫的理论关系。

（2）乡村旅游开发与精准扶贫协同发展的内在机理及现实需求。运用协同理论和系统理论，分析乡村旅游开发、精准扶贫两大系统之间的交互关系，在此基础上分析两者协同发展的内在机理；进而从经济协同、社会协同、文化协同和环境协同等维度分析两个系统协同发展的现实需求。

（3）国际旅游开发与精准扶贫的协同路径及启示。以发达国家澳大利亚、日本、意大利，发展中国家南非、泰国为例，选取各国旅游开发与精准扶贫协同发展的经典案例，通过总结经验、归纳协同发展的路径，并结合我国的具体国情和连片特困地区乡村旅游开发与精准扶贫协同发展的现状，得到了有益启示。

（4）连片特困地区乡村旅游开发与精准扶贫协同发展的现状测度。分别构建旅游系统和精准扶贫系统的评价指标体系，运用熵值法确定两大系统各项指标的权重，利用综合发展水平函数定量分析两大系统的发展水平和两大系统之间的协同程度。探讨两者协同发展的影响因素，进一步通过实地调研和深度访谈印证上述定量分析的结果。

（5）连片特困地区乡村旅游开发与精准扶贫的协同路径设计。基于影响因素，本书从协同的基础、协同的核心、协同的保障等角度，运用圈层结构理论设计乡村旅游开发与精准扶贫的协同路径。

（6）连片特困地区乡村旅游开发与精准扶贫协同发展的对策建议。延续路径设计的研究视角，从政府层面、企业层面、贫困人口层面提出确保两者协同发展的政策建议。

1.4 研究方法和数据来源

1.4.1 研究方法

（1）文献分析法。本书中文献分析的相关资料主要来自三方面：一是CNKI、Web of Science、EBSCO等数据库收录的学术论文、学位论文、研究报告。二是利用从当地政府和村党支部书记、村长等社区干部处获取的统计数据和深度访谈资料，了解当地社区的基本情况和旅游业发展现状。三是文化和旅游部、国务院扶贫开发领导小组办公室、重庆市统计局等权威部门发布的统计公报、最新资讯。

（2）定性和定量相结合的方法。本书中，定性研究主要针对典型案例村，通过入户调查、深度访谈、与村干部座谈等形式了解当地实施旅游开发与精准扶贫的相关情况。定量研究则通过发放问卷调查表，收集第一手数据统计资料，用 SPSS17.0 软件进行描述性分析、因子分析、回归分析等，定量分析贫困地区乡村旅游开发与精准扶贫的现状及障碍性因素。

（3）比较研究法。分析发达国家和发展中国家在旅游开发与精准扶贫协同发展方面的经验，结合我国贫困地区实施乡村旅游精准扶贫的现实条件，总结出对中国的有益启示。

1.4.2 主要数据来源

本书所使用的数据资料主要包括两个部分：一是在重庆武陵山片区 7 个区（县）采用抽样调查方法收集的微观资料数据。二是文化和旅游部、国家民族事务委员会（以下简称国家民委）、重庆武陵山各区县 2018 年统计年鉴、统计公报和政府工作报告等权威部门公开发布的宏观统计数据资料。

（1）重庆武陵山片区抽样调查数据资料。这部分数据资料主要来自课题组于 2017 年调查的微观数据。该调查的对象主要是当地村民以及村支部书记和村长等社区干部。包括武隆区、黔江区、丰都县、酉阳土家族苗族自治县、石柱土家族自治县、彭水苗族土家族自治县和秀山土家族苗族自治县 7 个区（县）。具体样本分布如表 1-1 所示。

表 1-1 微观数据样本分布

编号	问卷调查地	有效样本量/份	访谈对象数/人
1	彭水县阿依河	45	8
2	黔江区土家十三寨	100	10
3	酉阳县河湾山寨	52	6
4	酉阳县下拉寨	38	5
5	丰都县平安村	50	8
6	武隆区木根村	63	6

续表

编号	问卷调查地	有效样本量/份	访谈对象数/人
7	武隆区清水村	52	3
8	秀山县楠木村	59	3
9	石柱县山娇村	40	6

本调查采用入户问卷调查的方式，调查时间为 2017 年 7—9 月。在整个调查过程中，由经过严格培训的学生调查员在各个调研小组老师的带领下前往调研目的地进行入户询问并填写问卷。考虑到调查对象不同的文化程度和理解能力，在完成问卷的同时对调查对象辅以一对一的访谈，根据交谈所得的信息对其回答的问卷答案做一定的修正和补充，当天晚上，各调研小组的负责老师对回收的问卷进行逐一核实，漏填、前后回答不一致的问卷立即反馈给调查员，以核实乃至重访，由此确保数据的准确性和有效性。最终，本调查共发出 500 份问卷，回收 462 份有效问卷。由于本调查没有严格地按照随机抽样的方式，所以从其结果并不能推断总体，但希望在一定程度上反映重庆武陵山片区乡村旅游开发与精准扶贫协同发展的现状和影响因素。

（2）政府部门的宏观统计数据资料。具体包括文化和旅游部、国家民委、重庆武陵山各区县 2018 年统计年鉴、统计公报和政府工作报告等，主要用于描述乡村旅游开发与精准扶贫协同发展的现状。

1.5 可能的创新之处

本书可能的创新之处在于以下几方面：①**研究思路创新**：将精准扶贫这一全新扶贫理念嵌入连片特困地区乡村旅游开发与区域经济发展的研究中，通过两者协同机理的阐释，建立起互为支撑的协同作用、过程、功能、方式和方法等，设计出可操作的协同路径，有利于丰富和发展我国扶贫理论体系。

②**研究方法创新**：本书结合了多种研究方法，理论研究方法中基于协同理论、可持续生计理论等研究旅游开发与精准扶贫协同发展的内在关系；实证分析方法中采用了描述统计分析方法、典型案例分析法、国际比较分析法对乡村旅游开发与精准扶贫的协同发展现状、影响因素进行了实证检验。通过这些方法的综合运用，更加深入和系统地对研究主题进行了阐释。③**研究内容创新**：本书并不是对精准扶贫的一般性探讨，而是分析了旅游精准扶贫对贫困地区的影响、乡村旅游开发与精准扶贫协同发展的内在关系；通过旅游开发借助外源性力量和手段，带动贫困地区内源性发展，激活村民脱贫奔康的内在驱动力，促进贫困地区探索出区域经济与贫困人口受益与发展的新路径，推动贫困地区旅游业的可持续发展。

第 2 章
相关概念及理论基础

2.1 相关概念界定

2.1.1 重庆武陵山片区

重庆武陵山片区是集革命老区、贫困地区和民族地区于一体的特殊地区，包括武隆区、黔江区、丰都县、酉阳土家族苗族自治县、石柱土家族自治县、彭水苗族土家族自治县和秀山土家族苗族自治县 7 个区（县），面积约 2.3 万平方千米，户籍人口约 448 万人，其中少数民族人口约占 70%，以苗族、土家族为主，占重庆市少数民族人口的 93.1%。该区域内全部为国家级贫困县，截至调研工作完成时，有 53.1 万贫困人口，贫困发生率达 17.2%[1]，在《中国农村扶贫开发纲要（2011—2020 年）》中，该区域是党中央、国务院确定的全国集中连片的特困区域，也是率先启动区域发展与扶贫攻坚的示范区[2]。

由于地处偏远，片区内优质旅游资源受外界干扰较少而保持了高品质、

---

[1] 冯伟林，李诗冰. 旅游扶贫中贫困人口的受益机制构建——以重庆武陵山片区为例 [J]. 江苏农业科学，2018，46（22）：333-336.

[2] 熊正贤，吴黎围. 进程与展望：武陵山片区旅游发展 30 年 [J]. 长江师范学院学报，2016，32（3）：45-55.

高档次的优势。近年来,重庆武陵山片区 7 个县(区)成功创建 A 级景区 34 个,其中 4A 级以上景区 23 个,国家级旅游度假区 1 个,市级以上旅游度假区 4 个,形成武隆—彭水—黔江—酉阳民俗生态旅游精品线❶,被原国家旅游局誉为"中国旅游第一长廊"。旅游资源的富集区和贫困地区在地理空间上具有重合性,从而在"乡村旅游开发"与"精准扶贫"之间建立了紧密联系,为实施区域内的旅游扶贫提供了重要的资源保障。

2.1.2 精准扶贫

习近平总书记于 2013 年 11 月到湖南湘西州调研扶贫攻坚工作时,首次提出了"精准扶贫"的重要思想,明确指示"扶贫要因地制宜、分类指导、精准扶贫"。中共中央办公厅、国务院办公厅于 2013 年 12 月印发了《关于创新机制扎实推进农村扶贫开发工作的意见》(中办发〔2013〕25 号文件)的通知,科学界定精准扶贫机制,明确部署了实施精准扶贫的工作安排,有力推动了"精准扶贫"思想落地。2014 年 3 月,习近平参加两会代表团审议时进一步阐释了精准扶贫理念❷。2015 年 6 月,总书记深入贵州省扶贫调研,强调要科学谋划"十三五"时期扶贫开发工作,确保 2020 年贫困人口全部如期脱贫,并提出扶贫开发"贵在精准,重在精准,成败之举在于精准"。"精准扶贫"成为各界热议的关键词❸。

在学术界,王思铁最早提出精准扶贫的概念。他指出,"精准扶贫是粗放扶贫的对称,是针对不同贫困区域环境、不同贫困农户状况,运用合规有

---

❶ 住湘鄂渝黔全国政协委员联合提案建议. 从国家层面推动武陵山片区旅游扶贫合作 [EB/OL]. https://www.cqrb.cn/html/cqrb/2019-03/10/011/content_227053.htm.

❷ 黄承伟,覃志敏. 论精准扶贫与国家扶贫治理体系建构 [J]. 中国延安干部学院学报,2015,8(01):131-136.

❸ 葛志军,邢成举. 精准扶贫:内涵、实践困境及其原因阐释 [J]. 贵州社会科学,2015(5):157-163.

效的程序对扶贫对象实施精确识别、精确帮扶、精确管理的治贫方式"❶。它不仅是一种战略、一种机制、一种政策,更是包括战略、机制、理论、政策和行为的完整系统❷,强调精准扶贫要坚持分类施策,根据贫困地区的地理环境、人文因素、经济发展状况、致贫原因等因素❸,有效识别贫困人口和贫困家庭,通过针对性的帮扶措施,从根本上消除导致贫困的障碍性因素,达成"真脱贫"的目标❹。

由此可见,精准扶贫是针对我国扶贫实践中长期存在的"瞄不准"问题而提出的。其内容主要包括三个方面❺(见图2-1):一是精准识别。按照统一的标准,通过规范的流程和方法,找出真正的贫困人口,了解贫困程度,分析贫困原因,为扶贫开发精准确定对象提供科学依据。二是精准帮扶。聚焦贫困人口,采取更加集中的支持策略、更加有力的措施,更加精细地开展工作,瞄准特定贫困人口精准施策,对症下药。三是精准管理。以减贫目标为依据,动态监测扶贫过程及成效,作为精准考核的依据。对帮扶主体责任人进行考核,确保精准扶贫措施能真正惠及贫困人口,达成稳定脱贫的目标。

旅游精准扶贫是精准扶贫理念在旅游领域的具体运用,是对传统旅游扶贫的深化。具体而言,它是指在旅游资源较为丰富的贫困地区,针对旅游产业的发展条件和贫困人口的发展现状,运用科学有效的程序和方法对扶贫对象实施精准识别、精准帮扶、精准管理和精准考核,以实现贫困人口受益与发展的减贫目标❻。它包含以下几个方面的内容。

第一,丰富、独特的旅游资源是实施旅游精准扶贫的前提。 并不是每一

---

❶ 王思铁. 精准扶贫:改"漫灌"为"滴灌"[J]. 四川党的建设(农村版),2014(4):14-15.
❷ 刘解龙. 经济新常态中的精准扶贫理论与机制创新[J]. 湖南社会科学,2015(4):63-67.
❸ 贺东航,牛宗岭. 精准扶贫成效的区域比较研究[J]. 中共福建省委党校学报,2015(11):58-65.
❹ 汪三贵,郭子豪. 论中国的精准扶贫[J]. 贵州社会科学,2015(5):147-150.
❺ 吴雄周,等. 精准扶贫:单维瞄准向多维瞄准的嬗变[J]. 湖南社会科学,2015(6):162-166.
❻ 邓小海. 旅游精准扶贫研究[D]. 昆明:云南大学,2015.

个贫困地区都适用旅游精准扶贫,它对当地的旅游资源禀赋、旅游配套的基础设施要求较高。只有丰富、独特的旅游资源,对旅游市场才具有吸引力,旅游精准扶贫才有实施的现实可能性。

第二,资源转化为产品是实施旅游精准扶贫的基础。 结合当地旅游业发展的现实条件和旅游资源禀赋,因地制宜开发不同类型的旅游产品,吸引不同需求的旅游者前来观光、休闲、参与体验。发展当地旅游特色产业、相关配套产业和延伸服务产业,延伸旅游产业链,让旅游消费留在当地,防止旅游漏损或"旅游飞地"。

第三,贫困人口的受益与发展是实施旅游精准扶贫的关键。 旅游精准扶贫开发中,必须注重旅游参与制度、旅游收益分配制度、旅游教育培训制度的制定和落实,确保贫困人口有机会、有能力参与不同层次的旅游经营接待、土特产品销售和配套服务提供等,实现旅游开发"扶真贫"和"真扶贫"的目标。

第四,精准管理是实施旅游精准扶贫的保障。 贫困人口的动态识别管理、贫困人口的帮扶措施管理、旅游扶贫绩效管理、参与扶贫主体协调管理等方面和环节,都为旅游精准扶贫的实施提供了行动指南和保障,确保了旅游精准扶贫目标的实现。

通过对旅游精准扶贫概念内涵的分析可知,旅游精准扶贫是一个动态有机的系统。一方面,这个系统的内部要素之间相互影响、相互作用,共同指向旅游精准扶贫"扶真贫""真扶贫"的目标。在精准扶贫开发之初,按照一定的标准和程序精准识别贫困人口,根据贫困人口的具体情况,找准其参与旅游业的障碍性因素,因人而异制定帮扶措施,确保其能有效参与旅游业,能分享旅游扶贫开发的成果并从中受益。在此过程中,加强对旅游精准扶贫的过程管理、贫困人口"退出机制"管理,以及建立脱贫绩效评估体系,使一些原来属于帮扶对象的贫困户因参与旅游受益不再是扶贫对象,而一些原来不是贫困户的人群会因为其他原因成为需要帮扶的对象,因此,系统内部的要素会发生变化和调整。另一方面，系统内部要素会随着外界环境的变化相应做出调整。例如，社会经济发展、旅游发展所处的不同阶段，贫困人口自身能力的变化，也会使旅游精准扶贫系统内部要素在考核、评估标准上发生改变。

总之，旅游精准扶贫系统受到内、外部环境因素的影响，不断调整、不断适应，保持动态平衡的状态（见图2-1）。

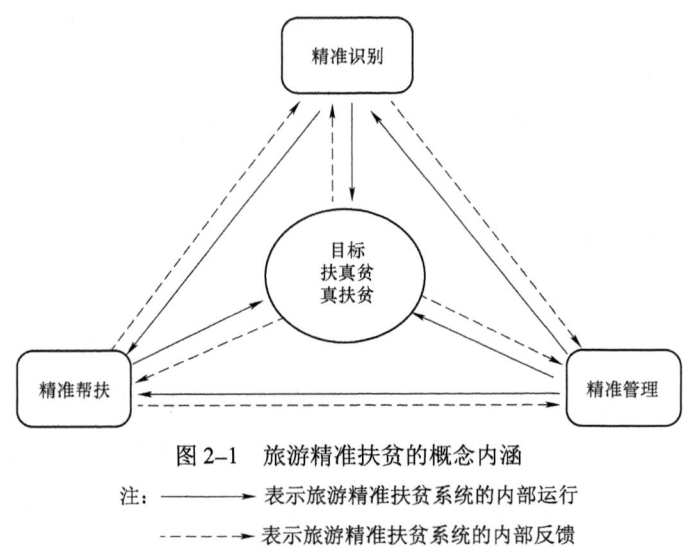

图2-1　旅游精准扶贫的概念内涵

注：──→表示旅游精准扶贫系统的内部运行
　　----→表示旅游精准扶贫系统的内部反馈

2.1.3　旅游系统

旅游活动是一个复杂、开放的系统。旅游者通过交通工具实现从常住地到旅游目的地的空间转移，在旅游目的地开展吃、住、行、游、购、娱等多种综合性活动。直接参与旅游活动的各个要素之间相互影响、相互制约，形成了一个开放的有机整体。因此有学者将旅游系统分为交通出行系统、客源市场系统、目的地系统和旅游支持系统❶。

本书中主要分析了旅游者在乡村旅游目的地旅行、游览所产生的旅游消

---

❶　吴必虎. 旅游系统：对旅游活动与旅游科学的一种解释［J］. 旅游学刊，1998（1）：21-25.

费，对贫困地区经济发展的带动作用和对贫困人口脱贫增收的影响。为聚焦研究主题，缩小研究范围，本书所指的旅游系统，即**旅游目的地系统**，具体是指旅游目的地为满足旅游者住宿、餐饮、娱乐、购物、游览等旅游需求，针对性提供的多种产品和服务的综合体，是和旅游消费者联系最为紧密的系统。具体而言，旅游目的地系统由旅游吸引物、旅游设施和旅游服务三个方面的要素组成（见图2-2）。

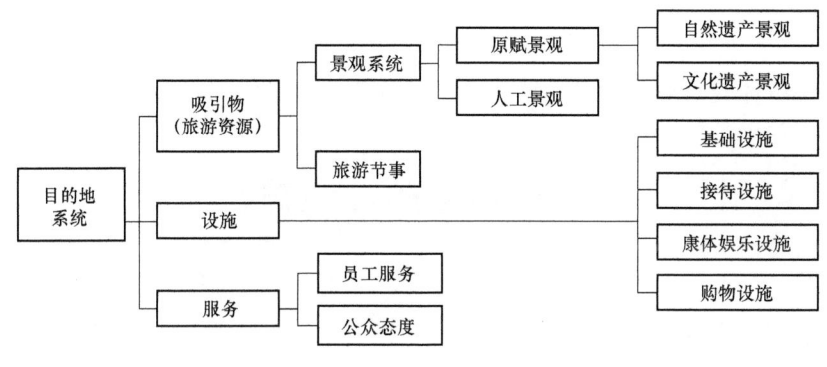

图2-2 旅游目的地系统

[资料来源：吴必虎. 旅游系统：对旅游活动与旅游科学的一种解释[J]. 旅游学刊，1998（1）：21-25.]

旅游吸引物是旅游目的地发展旅游业的基础。旅游吸引物是对旅游者产生吸引力，被旅游业所利用，能够产生经济效应、社会效应和环境效应的一切事物和因素。一般包括自然旅游资源和人文旅游资源两大类。其中，自然旅游资源是大自然赋予或前人留下的，可直接或间接为人类提供生存、发展和享受的旅游空间。人文旅游资源的富裕程度决定了一个地区的旅游开发潜力，具体是指与人类社会生活有紧密联系的事物和活动，包括文化遗产景观、旅游节庆、传统文化、民俗风情、民族歌舞等，是对旅游资源的深层次开发。

旅游设施是旅游目的地发展旅游业的保障。旅游设施具体包括旅游接待设施（酒店、宾馆、餐饮）、旅游基础配套设施（供电、通信、保险、金融、给排水、供电等）、购物设施（旅游商店、旅游超市、旅游集散中心）和康体娱乐设施（娱乐设施、运动设施、休闲设施、疗养设施）。这些是旅游目的地政府和旅游开发商特别关注的保障性事项。

旅游服务是旅游接待业的核心。旅游服务具体包括员工对客服务和当地居民对旅游者态度两个方面。其将直接影响旅游者在旅游目的地的游览体验和对当地的口碑宣传效应。由于服务看不见、摸不着，大多数情况下以无形化的形式存在，以旅游者的主观感知来评价，缺乏量化的标准和具体的评定指标。因此，强化服务意识、营造服务氛围、提升服务能力、优化服务流程、改善服务体验，对旅游目的地提高对旅游者的吸引力有着举足轻重的作用。

2.2 研究的理论基础

2.2.1 系统理论

系统一词最早来源于古希腊语，即由部分构成整体的意思。表明了要素与要素、要素与系统、系统与环境三方面的关系[1]。

系统理论最早出现在美籍奥地利人、生物学家贝塔朗菲（L. Von. Bertalanffy）于1932年提出的"开放系统理论"中，阐述了系统论的思想。他强调，任何系统都是一个有机的整体，系统中各个要素不是孤立的存在，每个要素之间相互联系，通过一定的形式而联结成为具有某种功能的整体。贝塔朗菲于1937年提出了一般系统论原理，奠定了这门学科的理论基础。1968年他出版了《一般系统论：基础、发展和应用》一书，确立了这门学科的学术地位。它研究各种系统的共同特征，从整体上系统地思考和分析问题，

---

[1] 吴殿廷. 区域经济学 [M]. 北京：科学出版社，2003.

被广泛运用于计算机、管理学、应用数学等领域❶。

作为一种综合性理论，系统理论呈现以下几个共同特征：①**系统的整体性**。整体观念是系统理论的核心思想。任何系统都是一个有机的整体，系统中各要素都不是孤立的存在，要素与要素之间相互关联，不同的要素在系统中的地位和作用不尽相同。它不是各个部分的简单相加或者机械的组合，它能带来"整体大于部分之和"的新功能。②**系统的层次性**。任何一个系统都有一定的层次结构，各个层级之间相互交叉、相互作用。③**系统的开放性**。完全封闭的系统是不存在的，任何系统都需要与外界环境进行信息、物质和能量之间的交换，并在一定的条件下产生自组织现象，以维持系统的发展。④**系统的动态性**。任何系统都存在于一定的环境中，和环境产生各种联系。环境的改变，要求系统协调各要素之间的关系，改变其结构和功能，使系统实现整体最优化。

系统理论为乡村旅游开发与精准扶贫的协同发展提供了强有力的理论支撑。

首先，旅游系统与精准扶贫是两个独立的有机系统。 在前文已对两大系统的内部构成要素进行了分析。要实现乡村旅游开发与精准扶贫系统的协同发展，应运用系统的观念来看待旅游发展对精准扶贫内部要素的影响、旅游系统与精准扶贫系统的相互作用，根据整体和部分之间相互制约、相互依赖的关系去把握两大系统协同发展的规律和路径，从整体最优化的视角去实现两大系统各要素之间、要素与系统之间的有效运转。

其次，旅游系统和精准扶贫系统的运行，离不开外界环境的影响。 例如资金、客源市场、旅游产业政策和国家扶贫政策的调整、非正式组织等都会对两大系统造成影响。为实现协同发展的目标，两大系统要注意与外界环境相适应，保持最佳的适应状态。

---

❶ 萧浩辉. 决策科学辞典[M]. 北京：人民出版社，1995.

最后，两个系统之间、各个要素之间、系统与外界环境之间都会随时间不断变化。 旅游系统和精准扶贫系统的协同发展，是个庞大的系统性工程，既涉及内部系统的有效协同，又关联外界系统的自适应调整，因此要以动态的眼光来看待精准扶贫的实施。紧密围绕村民（贫困村民）受益与发展的终极目标，动态监测实施过程中旅游系统和精准扶贫系统要素的变化，及时调整和改进工作方法，确保目标的实现。

2.2.2 协同理论

协同理论是著名物理学家哈肯（Hermann Haken）于1973年创立的，他认为自然界和人类社会的各种事物之间普遍存在有序、无序的现象，在非线性关系作用下，这两种状态会相互转化，经历从无序状态到有序状态的演化，这个过程就是协同[1]。协同理论是20世纪70年代以来在多学科研究基础上逐渐形成和发展起来的一门新兴学科，是系统科学的重要分支理论，主要研究远离平衡态的开放系统在与外界有物质或能量交换的情况下，如何通过系统内部子系统之间非线性的相互作用，自发走向有序的现象，同时产生"1+1＞2"的协同效应。协同理论揭示了各种系统之间的共同特征及其协同机理、从无序走向有序的共同规律，广泛运用于经济学、社会学、管理学、生物学、物理学等学科领域，并取得了一定成果[2]。

协同理论研究的对象是一种远离平衡态的开放系统，这个系统能通过非线性协同作用产生一些有序的结构或功能。这些因非线性协同作用而形成的因素叫做序参量，它是表示系统呈现有序或者无序的一种度量。如果序参量的力度较弱，不能有效束缚各个子系统的独立运动，那么这时的子系统就处

---

[1] 协同论.https://baike.baidu.com/item/%E5%8D%8F%E5%90%8C%E8%AE%BA/5274389?fr=aladdin.

[2] 马振耀. 协同论视角下行为组织绩效系统演化机制与模拟仿真 [J]. 统计与决策，2018，34（19）：178–181.

于无序的状态；如果序参量的控制力度不断增强，各子系统之间的关联度也会增强。当控制参量达到一定的"阈值"，各子系统之间的关联性就发挥主导作用，进而在系统中产生协同。

把协同理论引入旅游系统和精准扶贫系统协同关系的分析中，为通过乡村旅游开发促进连片特困地区扶贫攻坚、打赢脱贫攻坚战和实施传统文化保护战略提供了新的思维模式，从学理上也提供了新的研究视角。因此，精准扶贫系统和旅游系统能否发挥协同效应，是由系统内部各子系统的协同作用，以及系统与外界环境要素之间的协同作用决定的。只有围绕共同的目标，齐心协力进行运作，两大系统才会产生协同效应，否则系统内的子系统难以发挥其应有的功能，导致整个系统处于无序混沌的孤立状态。

2.2.3 空间贫困理论

空间贫困是一个包含经济、社会、环境3个维度的集合概念。其内涵相比之前更丰富，由此研究消除贫困的差别化措施会更加科学和可行。从传统贫困到综合贫困，再到空间贫困，其对贫困概念的解释分3个不同层次。传统贫困为第一层次，其从经济维度反映贫困的经济劣势。主要关注由于收入引起的贫困现象本身。综合贫困为第二层次，其从经济和社会两个维度反映贫困的经济、社会和政治劣势。Pacione认为，贫困是由综合因素所致，即综合贫困是指个人、家庭或群体所在社区处于缺乏食物、衣物，住房条件差，缺乏教育机会、就业机会、社会服务等综合不利状况。空间贫困为第三层次，表现为位置劣势、生态劣势、经济劣势和政治劣势[1]。

空间地理位置禀赋低劣，造成当地居民自身资本的生产力低下，进而陷入"空间贫困陷阱"[2]。Daimon将空间贫困陷阱定义为由于具体区位特征或

---

[1] 刘小鹏, 苏晓芳, 王亚娟, 等. 空间贫困研究及其对我国贫困地理研究的启示 [J]. 干旱区地理, 2014 (1): 144–152.

[2] 王金凤. 宁夏西吉县空间贫困及其分异机制研究 [D]. 银川：宁夏大学, 2013.

者过高迁移成本，贫困长久存在的状态❶。Bird 等则将空间贫困陷阱定义为"地理资本"存量低、贫困发生率高的地区❷。这里的地理资本包括区域的物质资本、自然资本、社会资本、政治资本和人力资本等，控制个人和家庭特征后，区域的禀赋能解释居住在其中的人们贫困的大部分原因❸。

我国经过 30 多年的扶贫开发，贫困发生率和贫困集中度趋于下降，但相对全国而言，农村地区的贫困依然分布在中西部的革命老区、少数民族地区、边境地区和特困山区，区域内贫困人口高度集中。《中国农村贫困监测报告 2018》显示，按现行国家农村贫困标准测算，一半以上的农村贫困人口仍集中在西部地区。2017 年，西部地区有农村贫困人口 1634 万人，贫困发生率为 5.6%，贫困人口占全国农村贫困人口的比重为 53.7%，连片特困地区有农村贫困人口 1540 万人，贫困发生率为 7.4%，少数民族地区是中国最主要的贫困集中区，是全国反贫困的主战场❹。

2.2.4 可持续生计理论

"可持续生计"概念最早见于 20 世纪 80 年代末的世界环境与发展委员会的报告，并在 20 世纪最后十年逐渐流行开来。1995 年在哥本哈根社会发展问题世界首脑会议上通过的《哥本哈根社会发展问题宣言》将可持续生计的内涵概括为"创造能够推动社会发展的经济、政治和法律环境，根除贫困，保证温饱生活，提高就业水平，促进社会整合；实现性别平等，妇女充分参与政治、经济、社会和文化生活；实现全民的教育和卫生机会平等"。从定义来看，可持续生计是个系统性概念，涉及脆弱性背景、外部性冲击、生计

---

❶ Daimon T. The Spatial Dimension of Welfare and Poverty: Lessons from a Regional Targeting Programme in Indonesia [J]. Asian Economic Journal, 2001, 15 (4): 345-367.

❷ Bird K, Shepherd A. Livelihoods and Chronic Poverty in Semiarid Zimbabwe [J]. World Development, 2003, 31 (8): 591-610.

❸ 罗庆，李小建. 国外农村贫困地理研究进展 [J]. 经济地理，2014 (6): 1-8.

❹ 国家统计局住户调查办公室. 中国农村贫困监测报告 2018 [M]. 北京：中国统计出版社，2018.

能力、资产状况、生计活动和策略等方面,以及这些方面之间的相互作用❶。

现有的可持续分析框架中认同度最高、运用最广泛的是英国国际发展部(DFID)提出的可持续分析框架(SLA 分析框架)。它把贫困农户看作在一个脆弱性的背景中生存或谋生的群体,他们拥有一定的生计资产(人力资产、自然资产、金融资产、物化资产、社会资产),而他们生计资产的获得量要通过社会、机构和组织环境来决定。同时这种环境也会使农户调整生计策略,以实现他们的生计目标❷。SLA 分析框架以人为中心,更强调贫困者自身的主动参与式发展,重视对影响生计的诸多因素及其形成过程的分析,并试图区分影响生计的主要因素以及它们之间的互动关系,对贫困人口生计和致贫原因的解释起到了提纲挈领的作用。

可持续生计的实践运用研究主要集中在 4 个方面:一是对减贫生计路径的研究。减贫生计的主要目的就是消除脆弱性,即个人或家庭遭遇风险及其抵抗风险能力的脆弱状态。二是对人自身能力的研究。提升人的可行能力是生计可持续的重要形式。三是对农民生计问题及生计策略的研究。集中在失地农民的生计问题和生计发展策略的问题。四是可持续生计思路应用的研究。可持续生计作为一种理论分析方法,被全球各地政府部门、非政府组织、社区在各样情境的实践中进行推广与应用❸。其中,有研究认为乡村旅游是促进乡村可持续生计的重要产业形态。可持续生计理论与乡村旅游开发之间具有较高的契合度,对乡村旅游多功能发展具有重要的指导意义,乡村旅游的多功能性(经济、社会、文化、生态功能等)也有利于实现当地居民的生计目标❹。

---

❶ 陆五一,李祎雯,倪佳伟. 关于可持续生计研究的文献综述 [J]. 集体经济,2011(1):83–84.

❷ 何仁伟,李光勤,刘邵权,等. 可持续生计视角下中国农村贫困治理研究综述 [J]. 中国人口·资源与环境,2017,27(11):69–85.

❸ 杨静凤,黄燕玲. 可持续生计研究演化及其在贫困治理中的应用前景 [J]. 天津农业科学,2019,25(09):56–62.

❹ 史玉丁,李建军. 乡村旅游多功能发展与农村可持续生计协同研究 [J]. 旅游学刊,2018,33(02):15–26.

2.3 本章小结

本章在对旅游精准扶贫等相关概念界定的基础上,对精准扶贫系统、旅游系统的构成和内部关系进行了梳理,运用系统理论、协同理论、空间贫困理论和旅游可持续生计理论分析两者协同发展的学理依据,得出以下结论。

(1)精准扶贫是一个动态有机的系统。一方面,系统内部贫困人口精准识别、精准帮扶、精准管理三要素相互影响、相互作用,共同指向旅游精准扶贫"扶真贫""真扶贫"目标。另一方面,系统内部要素会随着外界环境的变化相应做出调整。社会经济发展,旅游发展所处的不同阶段、贫困人口自身能力的变化、扶贫进程的不断推进,都会使贫困人口的精准识别、精准帮扶、精准管理措施和考核标准发生改变。因此,精准扶贫系统受到内、外部环境因素的影响,不断调整、不断适应,以保持动态平衡的状态。

(2)乡村旅游开发是一个动态的有机系统。乡村旅游活动是一个复杂、开放的系统。旅游者通过交通工具实现从常住地到旅游目的地的空间转移,在旅游目的地开展吃、住、行、游、购、娱等多种综合性活动,六要素之间相互影响、相互制约,形成一个动态的有机整体。同时,旅游目的地系统包含的旅游吸引物、旅游设施和旅游服务三要素也良性互动:旅游吸引物是基础,旅游设施是保障,旅游服务是核心,应挖掘资源内涵、保障服务供给、增强服务体验,不断增加对旅游者的吸引力,推动三个要素之间相互影响、良性循环和有机互动。

(3)旅游系统与精准扶贫系统具有显著的协同性和相关性。两大系统之间存在非线性要素的相互作用,旅游系统和精准扶贫系统的各要素之间通过非线性机制,相互作用、互为约束,各自原有的平衡系统被外部要素打破,在共同目标的导向下,产生新的协同效应,实现乡村旅游开发和精准扶贫、贫困人口受益与发展的良性循环。

第 3 章

乡村旅游开发与精准扶贫协同发展的现实需求

本章将深入分析连片特困地区乡村旅游开发与精准扶贫协同发展的现实需求,从经济协同、社会协同、文化协同和环境协同等维度建立两者之间相互促进、互为支撑的机制,充分发挥两大系统的协同效应,借助旅游产业的驱动实现特困地区经济的发展、贫困的减缓。

3.1 经济发展协同

3.1.1 打赢脱贫攻坚战的必由之路

"十三五"时期,是全面建成小康社会、实现第一个百年奋斗目标的决胜阶段,也是打赢脱贫攻坚战的决胜阶段。为完成这一艰巨任务,国务院先后印发了《中国农村扶贫开发纲要(2011—2020年)》和《"十三五"脱贫攻坚规划》(以下简称《规划》),文化和旅游部也发布了《关于进一步做好当前旅游扶贫工作的通知》(以下简称《通知》),多渠道、多角度共同推进脱贫攻坚战的顺利进行。

《规划》提出"坚持精准扶贫、精准脱贫","变'大水漫灌'为'精准滴灌'";"坚持激发群众内生动力活力";"发扬自强自立精神,依靠自身努力改变贫困落后面貌";"坚持绿色协调可持续发展",探索生态脱贫有效途径。《规划》特别强调了旅游扶贫的脱贫方法,提倡乡村旅游、休闲农业,支持集中连片特困地区进行旅游基础设施建设。此外,《通知》对旅游精准扶贫做出了更为细致的指导,"以深度贫困地区脱贫攻坚为重点",因地制宜,开发能够带动贫困户广泛参与的旅游扶贫产品,发展一批乡村度假产品,建成一批乡村旅游景区,打造丰富多彩的乡村特色文化演艺和节庆活动等。

多个通知、文件的制定为打赢脱贫攻坚战提供了新视角——旅游精准扶贫。旅游业是我国的朝阳产业,在带动当地人就业、激发经济活力等方面发挥着重要作用。作为脱贫攻坚战的基本方略之一,精准扶贫强调发挥经济效益,通过精准识别、帮扶、管理和考核的方式实现贫困户脱贫致富的目标。

对于整体发展落后的连片特困地区,独特的资源是其经济发展的关键所在,乡村旅游开发是为其量身定制的精准扶贫方式。在旅游开发过程中,根据资源差异开发旅游产品是精准扶贫的要求,根据区位条件落实项目定位是精准扶贫的体现,根据市场结构吸引目标客源是精准扶贫的关键。乡村旅游开发与精准扶贫相互依托、相互促进、共同发展,以乡村旅游开发为手段,以精准扶贫为原则,使旅游业成为经济转型升级的重要推动力,是帮助连片特困地区打赢脱贫攻坚战的有效方式。

推进乡村旅游开发与精准扶贫协同发展有利于减少返贫现象的发生,真正实现"脱贫摘帽"。脱贫攻坚目标的实现并非一朝一夕之事,即使在我国贫困人口数据降为零的那一刻,也不能算作完全达成全体人民共同富裕。这仅仅是在实现奋斗目标路途上的阶段性胜利,只有持久稳定不返贫的经济情形才是真正的共同富裕。为了防止返贫现象的发生,我们可以通过发展旅游构建"造血式"的扶贫机制,以"授人以渔"的形式为农民提供创业机会、工作平台和技术支撑,使贫困户在后期资金扶持减少、培训力度下降的情况下,具备持续生计能力,保证经济状况的稳定。此外,乡村旅游开发与精准扶贫协同发展，同样是防止返贫发生的必备条件。只有促进传统文化的保护与传承、生态环境的修复、"原住民"价值观念的重塑，才能实现贫困地区经济的可持续发展，形成良性循环，打赢脱贫攻坚战，实现全国人民共同富裕。

3.1.2 促进农村产业创新发展的有效措施

2020年实现全面脱贫的任务迫在眉睫，越到后期任务就越艰巨，在大批贫困村、贫困县摘帽的同时，防止返贫的目标也随之而来。农村地区单靠农业脱贫、一产致富的老路早已行不通，产业融合升级、创新发展成了脱贫至关重要的内容。由于旅游业具有关联度高、综合性强、"牵一发而动全身"的特点，其发展往往能够带动相关产业链的发展，甚至催生出新的业态，在优化产业结构、促进产业融合方面发挥了重要作用。因此在近年来各个产业互相融合，尤其是旅游业与农业融合发展的趋势下，《规划》也给出明确指示，"促进产业融合发展：深度挖掘农业多种功能，培育壮大新产业、新业态，推进农业与旅游、文化、健康养老等产业深度融合，加快形成农村一二三产业融合发展的现代产业体系"。此外，国务院于2015年专门发布了《关于推进农村一二三产业融合发展的指导意见》，就三产融合作出指导并强调了融合的重要性："（三产融合）是拓宽农民增收渠道、构建现代农业产业体系的重要举措，是加快转变农业发展方式、探索中国特色农业现代化道路的必然要求。"

精准扶贫与乡村旅游开发的协同为连片特困地区产业融合、脱贫摘帽作出了重要贡献。精准扶贫借助旅游发展"外源性系统"的强大推动力，带动人流、物流、资金流注入连片特困地区，打破了贫困村寨原有的近平衡状态，促使村寨内部系统调整和整合，带来了经济的复兴和村民的回流。两者相互促进、协同推进，朝着共同的目标——当地村民的受益与发展呈现正相关的连续螺旋式上升，产生1+1＞2的协同效应——努力。在这个螺旋式不断上升的过程中,精准扶贫带来的产业溢出效应在不断协同发展的过程中对其他相关产业的发展也起到了关联带动、深度融合的催化剂作用。旅游产业的引入不仅催生了"旅游+农业""旅游+民俗文化"等新业态,更引来了旅游地产项目等的投资,"旅游+"真正促进了一二三产业融合,为贫困地区带来了更多的机遇和可能。旅游产业体系建构得越完整,产业拓展越丰富,乡村旅游开发与精准扶贫协同就越深入,居民受益就越多。据此,乡村旅游开发和精准扶贫的协同发展机理开始凸显。

3.2 社会发展协同

3.2.1 解决"三农"问题的根本方法

"三农"问题是指农业、农村、农民这三个问题,这其实是一个从事行业、居住地域和主体身份三位一体的问题。一直以来,党中央高度重视,每年以"三农"为主题发布中央一号文件,强调"三农"问题在中国社会主义建设时期重中之重的地位。

2020 年年初,中共中央发布中央一号文件——《关于抓好"三农"领域重点工作确保如期实现全面小康的意见》(以下简称《意见》),其中强调了"三农"工作的目标任务,"脱贫攻坚质量怎么样、小康成色如何,很大程度上要看'三农'工作成效。""集中力量完成打赢脱贫攻坚战和补上全面小康'三农'领域突出短板两大重点任务,持续抓好农业稳产保供和农民增收,推进农业高质量发展,保持农村社会和谐稳定,提升农民群众获得感、幸福感、安全感,确保脱贫攻坚战圆满收官,确保农村同步全面建成小康社会"。此外,《意见》对深度贫困地区的脱贫工作格外重视,要求既要全面完成脱贫任务,又要巩固脱贫成果以防止返贫。

针对"三农"问题,乡村旅游开发与精准扶贫的协同为其提供了良好的解决办法。在农业问题上，乡村旅游开发为农村地区引来了更多客源，为农产品拓宽了销路；精准扶贫则为农产品的种植和售卖提供了技术支持，二者协同促进了农业的转型升级与高质量发展；在农民问题上，乡村旅游开发为村民提供了更多的就业机会、知识技能的学习渠道、经济收入的来源、探索外界的窗口；精准扶贫则为村民的旅游发展提供了资金支持、政策保障，二者协同通过"授人以渔"的方式，帮助其实现自主脱贫，走出"输血式"扶贫造成的困境，同时有助于村民实现对自身精神需求的满足；在农村问题上，乡村旅游开发为村民提供了更多相互合作、共同脱贫致富的机会，促进生态环境的治理；精准扶贫推进基础设施建设、生活环境的优化，二者协同不仅改善了农村脏、乱、差的环境现状，也为旅游业营造了良好的发展环境，实现了生活水平提高和旅游质量提升的良性循环，为农村社会的团结稳定、和谐美好打下了基础。

旅游业作为惠民生的重要领域，是改善民生的重要内容，各级政府应重视推动旅游业发展，促进更多的城乡居民参与旅游业，带动企业投资旅游，这样，旅游业发展环境将进一步得到优化。

3.2.2 满足新时代乡村旅游需求的重要举措

随着经济和社会的发展，旅游业逐步融入国家战略体系，成为国民经济战略性支柱产业。随着全面建成小康社会深入推进，城乡居民收入稳步增长，消费结构加速升级，人民群众健康水平大幅提高，带薪休假制度逐步落实，假日制度不断完善，基础设施条件不断改善，民用航空、高速铁路、高速公路等快速发展，旅游消费得到快速释放，为旅游业发展奠定了良好基础。在我国旅游业蓬勃发展的今天，旅游已经向着消费大众化、需求品质化、发展全域化的方向发展，"随着全面建成小康社会持续推进，旅游已经成为人民群众日常生活的重要组成部分；人民群众休闲度假需求快速增长，对个性化、特色化旅游产品和服务的要求越来越高，旅游需求的品质化和中高端化趋势日益明显；景点旅游发展模式加速向全域旅游发展模式转变，旅游业与农业、林业、文化业等产业深度融合"。

然而，我国旅游业发展现状还不能完全适应国民日益增长的休闲游憩和精神文化需求。近年来，在乡村旅游、田园综合体等热潮的推动下，城市外围乡村旅游目的地不断涌现，田园休闲项目层出不穷，但在其数量快速增加的同时，不少问题也随之而来。旅游项目量多质低，大批旅游地主题、项目雷同，抄袭现象严重，甚至还有一些旅游地为了刻意迎合潮流趋势，闲置已修建完成的设施，重新模仿建设新的项目，导致大量的资源浪费。

乡村旅游开发推进乡村旅游建设进程，精准扶贫保障乡村旅游项目质量。为了满足新时代人民群众对乡村旅游的迫切需求，旅游开发与精准扶贫缺一不可，二者必须协同发展。旅游开发为贫困地区提供了一条新颖的发展道路，通过挖掘并整合当地旅游资源，吸引异地客源，变平凡为宝贵，增加了资源的附加价值，也满足了城市游客休闲游憩之需，为其提供更多的旅游去处。而精准扶贫的"精准"要求乡村旅游开发因地制宜、运营分类施策、项目因势而建、资金使用精准，由此保证旅游项目的地域特色、文化内涵、环境友好，确保乡村旅游目的地的高质量、高标准建设。

3.3 文化发展协同

3.3.1 推进社会主义精神文明建设的有效途径

改革开放以来，我国高度重视物质文明建设，并在经济领域取得了不小的成就，人民生活水平也因此显著提高。但在物质方面取得卓越进步的同时，人民对精神文化的需求却远远得不到满足，物质文明与精神文明发展不协调的问题愈加明显。

弘扬中华传统文化，应注重社会效益在文化建设项目中的体现，实现精神文明建设和物质文明建设的平衡发展。2017年，中央精神文明建设指导委员会印发的《关于深化群众性精神文明创建活动的指导意见》（以下简称《指导意见》）指出，目前我国物质文明建设和精神文明建设发展明显不协调，强调优秀传统文化是我们民族的"根"和"魂"，要求在群众性精神文明创建活动中，注重弘扬中华传统文化。此外，《指导意见》还鼓励积极培育新型文化业态，推动文化产业成为国民经济支柱性产业。在全面建成小康社会的决胜阶段，迫切需要丰富人们的精神文化生活，提高国民素质和社会文明程度，实现文化小康。

乡村旅游开发和精准扶贫的协同发展，能有效改善村镇精神文明发展落后的现象，切实加强社会主义精神文明建设。深入开展群众性精神文明创建活动，可以帮助我国积极面对精神文明建设的新形势，实现中华民族伟大复兴的历史使命。

乡村旅游开发与精准扶贫的协同发展，是物质文明建设与精神文明建设高度统一的体现。"旅游+扶贫+乡村+文化"的发展模式，为贫困村镇的经济增长提供了有力的支持与保障。与此同时，这种特殊的经济发展方式，有助于对蕴藏的传统文化进行进一步挖掘，使我国优秀文化贯穿渗透于旅游活动的全过程，迎合人民日益增长的精神文化需要及对美好生活向往与追求的需要，合理协调物质追求与精神追求的比重，做到"两手抓、两手都要硬"。

乡村旅游开发与精准扶贫的协同发展，是培育新型文化业态、推动文化产业成为国民经济支柱性产业的有效途径。目前，我国旅游业一直保持高速发展状态，其对一个地区的产业融合和经济带动作用受到了越来越多人的重视，并逐渐成为部分省、市的战略性支柱产业。旅游业的兴盛发达是物质文明发展的结果。如今只有将其与精神文明成果结合起来，增添旅游产品的文化内涵，才能顺应时代发展潮流，满足更多人的精神发展需求。同时，旅游作为文化的天然载体，是文化传播的重要途径。而作为一种无形的精神成果，文化要想发扬光大必须借助具体的形式将其传播出去。可见，文化与旅游相互补充、互相促进，二者的深度融合不同于以往停留于旅游产品表面的文化附着形式，旅游产品取得了质的飞跃。文化则有了更生动、更鲜活的"宿主"，加快推动旅游产业成为国民经济支柱性产业。此外，文化与旅游产业的融合有助于创新文化产业形势，实现人们对诗和远方相结合的美好愿景。

乡村旅游开发与精准扶贫的协同发展，维护了人民对传统文化与民族信仰追求的权益，满足了人民群众日益增长的精神文化需求。如今，我们已迎来大众旅游时代，旅游业在贫困地区的发展为人们走进传统村落、参与民俗活动、传承传统文化提供了更多的机会。这不仅为传统文化的传承带来了生机，同时也维护了群众文化权益，丰富了人民的精神世界，增强了人民的精神力量。

3.3.2 促进传统文化保护、传承与发展的重要手段

连片特困地区具有"老、少、边、穷"的特点，其往往被群山围困，远离城市喧嚣，处于山间丛林之中。正是因为信息闭塞、交通不畅，当地村落始终保留着传统而原始的人文风情和民族特色。随着科技时代与信息化时代的到来，大量信息飞速传播，设施设备升级迭代，习惯、习俗日新月异，与高度发达的外界社会相比，传统村落中保留下来的文化与习俗显得格外珍贵。然而，要将传统文化保护与传承下去，也并非易事。一方面，当地居民对传统风俗习惯、农业生产遗迹和传统工艺等的文化价值不自知，一些无意的行为可能导致文化被破坏。另一方面，对于此类深度贫困地区来说，发展旅游业是经济增长的有效方式。但随着旅游业的发展，部分游客的不文明行为、过度的旅游商业化和世俗化，也将加速传统文化的消亡。因此，促进乡村旅游开发与精准扶贫的协同是必然趋势。

乡村旅游开发与精准扶贫的协同发展有利于促进传统文化的保护、传承

与发展。首先，旅游开发能够激发村民对传统文化的保护意识。对于当地居民来说，激发其对文化的保护意识最有效的方法就是让其认识到文化的价值以及保护文化的有益性。在旅游业发展的过程中，村民可以通过游客对当地文化的反馈，提升文化认同感和自豪感，通过稀缺文化转化来的经济收益，提高对文化的保护意识。另外，精准扶贫可防止旅游开发对文化的反向侵蚀。精准扶贫是扶贫措施有效性和合理性的重要保障，虽然其首要目标是扶贫，但对扶贫的方式进行了约束与规范，为旅游扶贫提供了政策指导和标准限制。在精准扶贫的原则下进行旅游开发，消除了旅游开发"重开发、轻保护"的弊端，真正实现通过旅游保护传统文化。

3.4　环境发展协同

3.4.1　推进生态文明建设的关键举措

生态文明建设是中国特色社会主义事业的重要内容，关乎人民福祉，关乎民族未来，事关"两个一百年"奋斗目标和中华民族伟大复兴中国梦的实现。2015 年，中共中央、国务院印发了《关于加快推进生态文明建设的意见》（以下简称《意见》），《意见》明确提出"加快美丽乡村建设""发展绿色产业"等十项总体要求，并根据总体要求提出具体措施。例如，加强农村基础设施建设，依托乡村生态资源，在保护生态环境的前提下，加快发展乡村旅游休闲产业，建设美丽乡村；大力发展节能环保产业，发展生态农业以及森林旅游等产业，发展壮大服务业。

乡村旅游开发与精准扶贫协同真正落实了旅游业"绿色产业"的定位。绿色产业作为 21 世纪追求的新型产业模式和经济体系，在本质上是实现最低代价生态内生经济发展的模式。旅游业是无烟产业、绿色产业，在保护生态环境方面具有先天的优势。一方面，旅游活动的开展依赖于旅游目的地的原生环境，生态环境是发展旅游业的自然依托和重要基础，因此环境保护是旅游业发展的底线。另一方面，随着消费方式的提档升级，旅游者对旅游目的地的人居环境、生态环境更加重视，促使市场对旅游开发、行业管理提出了更高的要求，从而倒逼有关部门提高环保意识、注重环境效益，为旅游业的可持续发展奠定基础。

乡村旅游开发与精准扶贫协同验证了"绿水青山就是金山银山"的发展理念。旅游精准扶贫通过绿色、生态、可持续的旅游发展方式，真正将绿水青山当作金山银山，在保护绿水青山的同时进行合理利用和开发，既留住了美丽的自然风光，保护了原住民的家园，同时又吸引了更多的人前来欣赏，通过旅游业的兴起带动相关产业发展，为村镇经济注入活力，增加就业机会，提高收入水平，从而帮助贫困地区人民脱贫致富。

乡村旅游开发与精准扶贫协同始终把生态文明建设作为发展的出发点。坚持把绿色发展、循环发展、低碳发展作为基本途径，坚持把深化改革和创新驱动作为基本动力，坚持把培育生态文化作为重要支撑。同时，牢固树立尊重自然、顺应自然、保护自然的理念，坚持"绿水青山就是金山银山"的发展理念，大力推进绿色发展、循环发展、低碳发展，弘扬生态文化，倡导绿色生活，为加快建设美丽中国做出贡献。

3.4.2 使"乡愁"有处寄托的基本保障

近年来，随着乡村旅游、农业旅游、生态旅游的迅速发展，"土地平旷，屋舍俨然""阡陌交通，鸡犬相闻"的田园村庄勾起了无数人的回忆，它是每个人心中乡村的模样。然而，连片特困地区的大量传统村落，如今正在以惊人的速度消失，环境也在逐渐恶化。工业污染随意排放、农业生产规划不合理、居民环保意识欠缺、环保设施老旧等诸多问题造成了环境和生态的严重破坏，一度打破了人们对美好乡村的幻想。

乡村旅游开发与精准扶贫协同发展为舒适便利的人居环境建设提供了

可靠的途径。乡村旅游的发展，需要美丽宜居的村落环境，也需要干净卫生的服务环境。厕所革命的推进、垃圾堆积的处理、河流污染的治理、基础设施的建设，是旅游业发展中对乡村进行整治的第一步，也是乡村人居环境改善的第一步。伴随着旅游业的发展，村落产业格局在不断变化，第三产业比重上升，第一、第二产业比重自然有所下降，农业生产污染、工业排放问题从根源上得到了控制，坚持保护第一、发展第二的绿色旅游也将持续保护乡村的优美环境，为当地居民和旅游者打造舒适便利的人居环境。

乡村旅游开发与精准扶贫协同为美丽健康的生态环境提供了有效的治理途径。乡村是生态涵养的主体区，生态是乡村最大的发展优势。旅游业与传统农业的融合发展，将最大化发挥乡村的生态优势，最小化影响乡村的生态秩序，科学合理地将生态优势转化为经济优势，促进贫困地区经济的发展，同时也为交通闭塞、信息不畅的贫困村落引进了先进的生态治理技术、超前的生态保护理念，紧急挽救生态破坏严重的村落，帮助自然环境良好的地区树立先保护再发展的理念，使生态优势成为乡村永久的财富。

3.5 本章小结

本章通过研读国家政策文件和目前已有的学术成果，讨论了乡村旅游开发与精准扶贫协同发展如何满足经济、社会、文化、环境等方面的现实需求。

在经济需求上，乡村旅游开发与精准扶贫协同发展为打赢脱贫攻坚战作出了重要贡献，为实现全体人民共同富裕创造了条件；推动了农村一二三产业融合发展，提高了农村经济的稳定性，为经济发展增添了新的活力。

在社会需求上，乡村旅游开发与精准扶贫协同发展切实深入农村、农民、农业中解决问题，推动了"三农"工作的进程；满足了人们对乡村旅游的需求，顺应了新时代大众对乡村旅游需求的转变。

在文化需求上，乡村旅游开发与精准扶贫协同发展推进了社会主义精神文明建设的进程，对提高文化软实力、建设文化强国作出了巨大贡献；为传统文化的保护、传承与发展奠定了基础，为中华优秀传统文化复兴提供了保障。

在环境需求上，乡村旅游开发与精准扶贫协同发展推进了生态文明建设，为我国生态修复、保护和复兴贡献了力量，是使万千中华儿女"乡愁"有所寄托的基本保障，科学合理地将生态资源优势转化为经济优势，促进了贫困地区旅游业的可持续发展。

第 4 章

国际旅游扶贫的经验及启示

国际旅游与反贫困研究最早出现在旅游的经济研究和旅游影响研究中。20 世纪 80 年代，国际社会开始关注旅游可持续发展问题，但一直未将消除贫困作为研究目标。随着贫困问题的日益突出，英国国际发展部（DFID）于 1994 年在可持续发展委员会的报告中提出了 PPT（pro-poor tourism）的概念，使旅游与消除贫困、可持续发展之间建立了天然联系，使旅游与反贫困直接相连的 PPT 研究成为学界研究的焦点[1]。随后，国外出现了大量关于旅游消除贫困的文章和典型案例。

本章以澳大利亚、日本、意大利、南非、泰国五个国家为例，对其国内旅游扶贫开发的基本情况进行了阐述和分析，尤其针对典型的扶贫案例，分析并探讨了旅游开发对区域经济发展、居民脱贫增收的促进作用。学习国外旅游扶贫的经验，为国内研究乡村旅游开发与精准扶贫的协同路径提供了借鉴。

4.1 发达国家旅游开发与精准扶贫的协同路径

4.1.1 澳大利亚

澳大利亚是一个经济发达的资本主义国家，其自然资源种类多样，畜牧

---

[1] 黄国庆. 重庆三峡库区生态旅游扶贫模式研究 [M]. 北京：中国财政经济出版社，2019.

业繁荣兴旺,被称为"骑在羊背上的国家"和"坐在矿车上的国家"。得益于羊、牛、小麦和蔗糖较为多产这一优势,其也是世界上重要的矿产资源生产国和出口国,丰富的外汇收入是靠长期出口农产品和矿产资源赚取的。澳大利亚国内中西部地区与东南沿海地区的经济发展水平仍然有很大的差距。分析其原因,受到历史和自然地理环境等几大因素的影响,特别是土著人居住的地区,经济发展水平落后,长期处于贫困状态[1]。

1. 旅游扶贫在澳大利亚的开展

为缩小地区差距,发展当地经济,兼顾提高土著人的经济效益,1997年,澳大利亚政府开始实施"土著人旅游业发展战略"。由于土著人在文化、观念上相对落后,他们并没有意识到自己所处地区发展旅游业的巨大潜力。同时,也由于土著人居住区(下称土著社区)在资金、技术、基础设施和服务等方面的实力都较为薄弱,社会经济发展水平一直较低。因此,为促进土著社区的旅游发展,澳大利亚政府采取了一系列措施。

其一,注重旅游开发过程中土著文化的保护与开发,贯彻因地制宜的理念,突出本地区特色。 土著社区文化遗产的保护开始受到澳大利亚政府的关注,旅游可持续发展的观念逐渐深入探索,澳大利亚政府鼓励当地旅游产品特色化,在土著人原住地和文化遗产的修缮与保护方面加大财政投入。澳大利亚政府要求土著旅游经营行业的经营商将自己的经营收入按照一定比例用于文化设施的维护与修缮,使土著文化特色在旅游产品上得以持续体现。同时,保持土著旅游特色也是政府旅游开发的明确要求。为了强调与突出澳大利亚土著社区的文化与自然资源的特有性,澳大利亚政府以特色土著文化旅游项目作为开发的重点,与其他地区有所区别。为实现这一目标,相关旅游部门重点关注开发特色旅游项目,如品味丛林食物、古代的绘画和传统的

---

[1] 张川杜. 澳大利亚:450万游客带来160亿澳元[N]. 光明日报,2000-03-17.

制衣等。得益于当地旅游部门的帮助，土著服装制作厂慢慢建立起来，许多充满当地人文风情和与自然环境相适应的旅馆被建造并投入使用，社区针对社区居民开展了传统工艺品制作与旅游经营的教育培训❶。

其二，大力支持土著社区的旅游规划。相对落后的土著社区发展旅游业，缺乏现行的旅游规划，与发达地区的经济交流存在局限性。澳大利亚政府意识到，如果想要让土著社区的旅游成为全国旅游业发展的重要组成部分，就一定要将其与发达地区旅游发展进行统一规划。因此，澳大利亚政府鼓励全国各个地区积极制定旅游规划，并明确提出要将土著社区纳入规划范围，客流共享，推动土著社区旅游业的发展，使土著社区的旅游景区（点）和旅游发达地区能够达到串点成线的效果，并且增加了旅游线路上的景区数量和旅游产品类型。得益于澳大利亚政府的规划，土著社区旅游业发展获得了来自澳大利亚沿海发达地区的许多服务、资金和技术等方面的支持和帮助。这些支持与帮助使土著地区旅游和澳大利亚全国旅游发展有机融合，使土著社区得以分享来自全国旅游发展的红利，从而使土著社区旅游业的发展被全方位带动。

其三，有针对性地对土著社区给予资金帮助。受自然地理环境和历史原因等各方面因素影响，土著社区经济发展水平落后，资金常常在旅游发展过程中被限制。针对这个问题，澳大利亚各级政府采取了大量举措，具体包括：提高土著人参与旅游发展的积极性，动员土著人自发为旅游发展筹集资金；对不同贫困程度的土著人采取差异补助；加强与金融企业之间的联系，在旅游贷款方面给予土著人优惠，如低息贷款、无息贷款、贴息贷款；澳大利亚政府投资改善土著社区的旅游基础设施；等等。例如，布加拉土著文化中心坐落在维多利亚州南部山区，由300多名土著人共同经营。投资方面采取政府补助、自筹和贷款等方式，即联邦政府出资10万澳元，州政府出资20万

---

❶ 邓小海. 旅游精准扶贫研究［D］. 昆明：云南大学，2015.

澳元，土著人自发筹集10万澳元，其他为银行贷款❶，共计60万澳元。土著居民通过社区入股的形式参与旅游开发，积极融入旅游经营中。

其四，注重旅游开发过程中的环境保护。以不破坏生态环境为前提发展旅游，生态旅游业的国家鉴定标准是澳大利亚政府针对这一前提制定的。政府对发展生态旅游业进行标准化规范，如提出旅游住宿设施与自然环境适应这一要求。强调文化旅游与自然生态旅游同步发展，不以牺牲自然生态环境为代价。在澳大利亚中部沙漠地区，有一块长3000米、高348米的巨石，叫作艾尔斯岩石，其被土著人视为圣石。为对艾尔斯岩石加以保护，澳大利亚政府把它列为国家重点文物并申报为世界文化遗产。现在该地年接待游客20万人次，成为澳大利亚的特色旅游景区❷。

其五，加大投资与宣传力度。澳大利亚旅游委员会作为专门负责海外市场推销的机构，组织了澳大利亚名景宣传活动，澳大利亚旅游宣传片也有很多明星参与拍摄，着重宣传土著地区独特的沙漠风光与土著文化，并投放到国外各个电视台播出。

通过政府与当地土著居民的共同努力，澳大利亚土著社区的旅游业蓬勃发展：①为土著人增加了就业机会和收入来源，他们可以直接参与到旅游服务行业中，或通过工艺品、纪念品的销售获得收入。其中，土著人艺术家制作的工艺品和纪念品是许多土著社区的重要收入来源❸。②土著旅游提升了澳大利亚在国际旅游市场上的竞争力，增加了澳大利亚的旅游产品种类。③发展土著旅游，不仅保护了土著文化和传统，而且加强了国内游客对当地土著社区的历史和传统的了解，增强了国内游客的民族认同感，促进了非土著居

---

❶ Coria, Calfucura, E. Eco Tourism and the Development of Indigenous Communities: The Good, the Bad, and the Ugly [J]. Ecological Economics, 2012: (73): 47-55.

❷ 澳大利亚：450万游客带来160亿澳元 [J]. 理论与当代, 2000 (04): 41-42.

❸ Dyer P, Aberdeen L, Schuler S. Tourism Impacts on an Australian Indigenous Community: A Djabugay Case Study [J]. Tourism Management, 2003, 24 (1), 83-95.

民和土著居民之间的和谐发展[1]。④在土著人生活的地区发展旅游业,促进了当地基础设施的建设,不仅提高了本地区的可进入性,促进了文化交流,也为当地土著居民的生活提供了便利[2]。

2. 旅游开发与土著社区旅游扶贫在澳大利亚的实践

澳大利亚的贫困地区通常是指中西部地区及北部地区的土著社区。与我国的贫困村、贫困县类似。贫困人群也大多是这些社区中的土著人。澳大利亚现有土著人约 45 万人,各土著社区拥有独特且具个性化的民族风情与传统文化。自澳大利亚政府于 1997 年实施"土著人旅游业发展战略"以来,国内各个地区的土著社区便纷纷依靠本土文化发展旅游业,实现了旅游开发与精准扶贫的协同发展。

以昆士兰州的 Weipa 为例。20 世纪 70 年代,矿产是澳大利亚偏远地区的主要工业,许多矿产企业位于或靠近土著社区。尽管这些矿产企业为当地人提供了就业机会,然而,一旦矿产资源枯竭,他们就会选择搬离,对当地社会经济、资源造成了消极影响。为此,矿产公司开始采用 CSR（Corporate Social Responsibility）策略,为社会和土著社区的可持续发展作出了贡献,帮助土著居民解决了就业问题。例如在 2006 年,Comalco 矿产公司中 18% 的员工来自当地居民。为加强土著社区居民与矿产公司的联系,澳大利亚政府与矿产公司签署了各种协议,如 ILUAs（Indigenous Land Use Agreements）以及 MU（the Memorandum of Understanding）协议等。矿产工业与旅游业相结合,开发如淘金博物馆、地下矿产冒险、主题公园等不同类型的旅游产品,以满足旅游者的多元化需求;同时建立了公益组织 Balkanu,为当地土著居

---

[1] Trinidad E, A Martin F, Min J. Domestic and for Indigenous Tourism in Australia: Understanding Intention to Participate [J]. Journal of Sustainable Tourism, 2016, 24 (8–9): 1350–1368.

[2] Jeremy B, & Debra G. Facilitating the Development of Australian Indigenous Tourism Enterprises: The Business Ready Program for Indigenous Tourism [J]. Tourism Management Perspectives, 2013 (5): 41–50.

民提供信息咨询、专业技术支持等服务，帮助其开展商业活动❶。

位于东吉普斯兰地区的古奈族（Gunai）通过发展土著旅游业与创新手工艺品来吸引游客，他们设计了巴塔卢克文化路线（Bataluk Cultural Trail），吸引游客前来探索库里的历史和文化要素。同时，建立了克洛瓦敦库隆保留地（Krowathunkoolong Keeping Place），保存东吉普斯兰（East Gipps Land）、古奈（Gunai）人的历史文化遗存，消除了大众对澳大利亚东南地区土著部落没有文化遗产的误解❷。

位于澳大利亚北领地的周恩族（Jawoyn），与北部旅行集团（Travel North）合作经营合资企业，运营凯瑟琳峡谷旅游项目。1993 年，周恩族社区拥有 25%的股份，1997 年提升至 50%，并于 2005 年掌控了凯瑟琳峡谷旅游项目的全部股份并独立运营。土著居民经营的这一项目受到了游客的欢迎，创造了大量利润和就业机会，土著居民也在参与旅游项目的过程中获得了自信并学习到社会技能❸。

同样位于北领地的 Weemol 土著居民，定居于阿纳姆地（The Arnhem Land）中部。在 20 世纪 90 年代初，外来者便在土著社区开展了旅游活动，实现了通过旅游发展社区、不再依赖政府援助的目标。他们建立了一个小型的狩猎营，雇用土著居民表演传统舞蹈、讲述本土故事并制作手工艺品。1997 年，为响应澳大利亚政府的号召，在当地旅游企业的支持与帮助下，土著居民建立了一个基金，加强对文化传承人的培养和扶持，用以保护 Weemol 土著文化，防止年轻人从社区流失。

通过以上案例地的展示，我们可以发现旅游扶贫在土著社区的实践对其

---

❶ Jeremy, B. David B. The Mining Sector and Indigenous Tourism Development in Weipa, Queensland [J]. Tourism Management, 2010（31）：597–606.

❷ Lisa R, Michelle W, Charlee M. Indigenous Tourism in Australia: Time for Areality Check [J]. Tourism Management, 2015（48）：73–83.

❸ Chris R. Jeremy H. Tourists and Aboriginal People [J]. Annals of Tourism Research, 2002, 29（3），631–647.

文化传播具有极大的促进作用。与此同时，土著社区的旅游业发展也在很大程度上依赖于土著文化。

基于本土文化的旅游发展提升了土著居民的文化认同度，促进了土著文化的保护与传播。 首先，本土文化旅游并非单纯的文化线路游览与文化节日活动，而是具有更为广泛的内涵。旅游融入土著社区的发展之中，成为保护文化的一种手段。在大量游客到访土著社区并为感受特色文化而消费时，土著居民开始意识到当地文化的价值。同时，旅游消除了游客固有的关于地方环境和文化的偏见，使当地居民对自身文化保持自豪感，并产生了文化自信与文化认同。其次，发展文化旅游的企业为促进当地旅游的可持续发展或响应政府的政策引领，会自觉保护土著文化，引导土著社区年轻一代传承与弘扬传统文化，如克洛瓦敦库隆保留地（Krowathunkoolong Keeping Place）与阿纳姆地的 CampBodeidei 基金的建立。另外，本土文化旅游的兴起与蓬勃发展，得益于土著文化的强大吸引力。本土文化旅游最大的依托就是当地文化。为了发展旅游业，社区会通过各种形式来展现与传播当地文化，如案例中提到的古奈族创新传统手工艺，设计巴塔卢克文化路线；旅游经营者雇用土著居民表演传统舞蹈、讲述本土故事并制作手工艺品；等等。在这些创新与展示的过程中，土著文化得以保存与发展。

旅游企业及非政府组织对土著社区的扶助，真正实现了社区的高度参与。 澳大利亚政府提出的"土著人旅游业发展战略"，鼓励了旅游企业与一些非政府组织对土著社区的关注，尤其促进了旅游企业与土著社区的合作。企业与非政府组织为当地社区旅游发展提供了资金支持、技能培训以及旅游项目经营指导，提升了土著社区居民参与旅游的能力，提供了旅游参与的空间。尤其是北部旅游集团与周恩族在凯瑟琳峡谷旅游项目上的合作，实现了企业手把手指导社区经营。

澳大利亚政府通过旅游开发引导社区独立，摆脱殖民地制度的不良影响。 澳大利亚原为澳大利亚土著居住地，1770 年沦为英国殖民地。长期的压迫与被殖民的经历给土著居民的思想及生活方式造成了不良影响。旅游扶贫倡导对土著文化的保存、开发与利用，通过扶贫旅游开发帮助社区实现经济、文化、社会和环境的复兴，促使社区逐步独立，走出殖民地制度的阴影。

旅游开发与精准扶贫的协同发展，为土著社区的旅游发展增添了活力与生机，促进了经济的繁荣昌盛，缩小了发达地区与欠发达地区的差距；同时也将土著人的多元文化传播出去，强化了文化的传承与保护。

4.1.2 日本

1. 乡村旅游扶贫在日本的发展

自20世纪50年代末起，日本经济迅速发展，日本旅游业逐渐关注旅游扶贫。其中，乡村旅游就是一种有效的旅游扶贫方式。

农村经济萧条、农民收入减少、城乡差距加大等众多因素催生了日本乡村旅游。第二次世界大战结束后，日本实行工业兴国战略，大量农村青年人口涌向城市，在城市化高度发展进程中忽视了农村的发展，导致农村与城市二元结构发展失衡，引发了农业生产效率降低、农业发展过于疏化、农民收入迅速减少、农业地位下降等一系列问题。为了提高农民收入、振兴乡村经济，当地政府出台了一系列政策，大力推动通过"故乡游"来解决三农、城乡分化等社会问题，同时促进地区经济的振兴❶。

到了20世纪60年代，日本政府逐步对居民的住宿设施等进行了整治，以发展乡村旅游经济。1970年，日本制定发展绿色旅游❷的相关政策，日本政府在农村经济发展规划中赋予乡村公共休闲娱乐区域以新的定位，乡村旅

---

❶ 蒋敬. 日本乡村旅游发展对我国的借鉴意义[J]. 中小企业管理与科技（下旬刊），2013（01）：176–177.

❷ 在日本，"乡村旅游"被称为"绿色旅游"。

游由此发展开来。20世纪80年代，在日本交通条件的改善和旅游开发热潮的基础上，乡村旅游得以进一步发展。日本国有铁道（现日本铁路公司）JR（Japan Railways）率先推出了《日本电车之旅》这一大众旅游节目，"家乡创设资金"被竹下内阁适时提出，即针对全国各地的市町村等基层行政单位，使用来自国民税收的政府资金一亿日元，助力当地的"脱贫"。于是，日本各个基层行政单位纷纷运用这笔资金进行旅游资源和当地特色农产品的开发。然而，这一过程中出现了因片面追求经济效益而损害生态环境和居民利益的问题[1]。因此，在该阶段后期，日本的乡村旅游发展思想发生了转变，即从单纯追求经济利益逐渐转变为回归自然、提升品质[2]。日本政府和学者们开始在走乡村绿色旅游经济道路方面不断进行开发与探索，并以此作为复兴日本农业经济与乡村经济的必经之路。

日本乡村旅游分为观光型乡村旅游、休闲型乡村旅游和文化型乡村旅游三种形式。观光型乡村旅游包括传统观光型和科技观光型，主要依托当地的自然人文资源，开展观光游览型旅游活动。随着旅游者需求的变化，休闲型乡村旅游开始出现在人们的视野中，并且和观光型乡村旅游融合成为乡村旅游的重要模式。休闲型旅游分为休闲娱乐、保健疗养和自我发展三种不同类型。因地制宜地开展特色旅游项目是契合各种模式的最好方式，同时也更能体现特殊性[3]。休闲型乡村旅游建立在美丽的自然环境基础之上，以"农家乐"为主要形式，开展渔场捕捞活动、果园采摘活动、农场农庄活动等。城市旅游者在体验农业活动的过程中，享受到农事乐趣，缓解了城市快节奏生活带来的压力。在文化元素备受重视的趋势下，文化型乡村旅游也应运而生。

同时，日本一直是一个注重幼儿教育的国家，强调贴近儿童生活的教育方式。在日本，各级分类学校均特别注重培养儿童对农业活动的认识与个人

---

[1] 刘刚. 从日本山村旅游开发看云南的旅游化 [J]. 民族工作，1996（02）：23-25.
[2] 段会利. 结合日本经验论我国乡村观光旅游产业的发展策略 [J]. 农业经济，2017（09）：35-37.
[3] 杨华. 日本乡村旅游发展研究 [J]. 世界农业，2015（07）：158-161.

体验，经常开展农业实地演习教育，并且开设了农业生产活动这门选修课，为孩子们提供了走进自然并了解自然的机会。在乡村绿色旅游规划中，策划者也根据儿童不同的学段、地区差异特点，设计了不同的旅游路线。

在通过乡村旅游实现振兴经济、帮扶贫困的过程中，日本主要采取了以下策略。

首先，采取倾斜政策并通过制定法律文件加以保障。根据各地实际情况出台了一系列法律文件，如《离岛振兴法》（1953年）、《山村振兴法》（1965年）以及《过疏地域对策紧急措置法》（1970年）等。1995年，为推动农村地区旅游发展，制定了《农山渔村宿型休闲活动促进法》（通称《绿色旅游法》）。

其次，支持农村地区"产业（渔业）转型"，发展"兼业经营"。20世纪60年代，随着日本经济的发展，日本沿岸的渔业开始衰退，但前往沿岸钓鱼与泡海水浴的人逐渐增多。沿海渔民发现了这一商机，于是开始一边从事渔业，一边发展旅游业。例如，在休渔期将小型船只出租给垂钓者，为前往当地泡海水浴的游客提供住宿及餐饮，销售当地特产等，建立了"兼业经营"的模式。又如，千叶县、神奈川县、静冈县和兵库县等都很重视发展本地休闲渔业，并将其打造成休闲旅游目的地，因而大量资金投放在主要钓鱼地区；有些县（省）、市则提供财政补助，支持当地渔民成立相关组织，并由这些组织负责开辟钓鱼场，安排垂钓船，对船只数量进行登记并配备鱼饵等，以规范渔业市场秩序。

最后，支持开展农业旅游和开发新型旅游产品。1992年，为了振兴农村山区经济，日本开始倡导"绿色旅游"，并将"绿色旅游"作为发展地区经济的一种重要手段，逐步利用已有的农业资源，设计特色旅游产品。2003年召开"生态旅游促进会议"，并于2004年6月通过官民合作的方式提出了五项发展"生态旅游"的具体措施。随着人们的需求越来越多样化，日本政府与当地居民合作探索出更多的旅游与农业结合的发展模式。为此，建立了一些现代观光农园（包括各种果园）、市民农园（农业园区）。由此，不仅使原来单纯的果业生产（包括果园和蔬菜园等）与旅游开发相结合，而且使单一的市民休假、购物和劳动教育相结合，极大地推动了当地经济的发展。

由于地理位置邻近、共处大东亚文化圈、古代文化交流密切等，我国乡村旅游的起因和背景与日本存在一定的相似之处，研究日本乡村旅游业的发展道路能为我国旅游开发和精准扶贫提供借鉴。

纵观日本的乡村旅游发展之路，从最初大力发展乡村旅游以解决农村经济落后问题，帮助村民脱贫致富并取得一定成效之后，逐步加强对绿色、生态理念的重视，到如今一直坚持走可持续的乡村旅游发展道路，强调乡村特色建设。我们可以发现，日本在乡村旅游的发展过程中并没有明确提出旅游扶贫的概念，但乡村旅游对区域经济发展和提高居民生活水平的促进作用，一直被当作乡村旅游的发展目标之一。如今，我国经历了日本乡村旅游的初期发展阶段，但由于我国贫困人口规模庞大、部分贫困村落形势复杂、贫困程度较深，再加上原来高能耗、重污染的开发模式难以为继，目前，我国乡村旅游步入了将日本乡村旅游中后期发展模式合并的道路，从一味追求经济效益过渡到追求经济效益、社会效益、文化效益、环境效益共存的绿色发展模式上，在注重生态环境保护的基础上，通过乡村旅游实现脱贫奔康的目标。

2. 旅游开发与旅游扶贫协同发展在日本的实践——以日本白川乡为例

白川乡位于日本岐阜县西北部白山山麓，是一个四面环山、水田交错的宁静山村。该村庄以一种人字形屋顶的特殊建筑——"合掌造"和独特的"大家族制"成为日本的知名景点。然而，除了独具特色的自然、人文资源外，白川村因其乡村旅游开发与保护尺度相协调而闻名于世，目前已经成为各国研究乡村旅游开发和旅游扶贫的经典案例地。

过去，由于白川乡气候条件恶劣，经营农业一直十分困难，村民们将木材和养蚕作为主要的经济来源。除了自然环境严酷之外，那里时而还会发生自然灾害，人们的生活苦不堪言。尽管到了 20 世纪 60 年代，日本经济快速增长，但因为白川乡远离繁华的工业中心，依然没有实现脱贫，仍旧是贫穷且荒凉的惨淡景象。

乡村旅游的发展为白川乡的复兴带来了机遇。伴随着日本经济的腾飞，国民生活质量水平的提升，人们开始注重精神层面的发展，寻求心的"故乡"，昔日冷清的村落逐渐恢复了些许生机。为了改变自己的生活、实现家园的兴旺，白川乡居民充分抓住此次机会，通过发展旅游业吸引更多人前来游玩，带动当地经济的发展。当地居民并未盲目追求经济利益，他们一致认同在保护的基础上进行旅游开发，并遵循保护大于开发的原则。正是这种可持续发展的观念，才使得白川乡保留了美丽的生态环境和淳朴的民俗风情。

白川乡实施旅游开发与精准扶贫协同发展的具体路径如下。

（1）白川乡对自然生态环境和合掌造建筑的保护，既源自村民自身的保护意识，又得益于政府的支持。在村民保护方面，白川乡村民对村落的自发保护意识和保护措施是村庄能够保存完好的首要因素。1971 年，白川乡成立了村民自治组织——白川乡荻町村落自然环境保护会。保护会颁布了《白川乡荻町部落自然环境保护居民宪章》和《白川乡荻町部落自然环境保护会章》，针对自然环境和合掌造建筑的保护做出了具体规定。为了保护传统建筑，《住民宪法》中还规定"不许贩卖、不许出租、不许毁坏"。后来，保护会又制定了多个保护条例、规划纲要等。在政府保护方面，当地政府的支持、专家的引导为合掌造建筑的修复和保护贡献了重要力量。当白川乡合掌村建筑群被归属重要文化财产后，当地政府专门召集建筑专家成立了合掌建筑群修复委员会，请他们建造了合掌村的建筑构造模型，以寻找修缮和保护的办法，并为村落提供了强有力的经济支持。

（2）在确保村落得以保护的前提下，白川乡实施了多种策略以实现乡村旅游业的兴旺发展。首先，将旅游景观与农业发展相结合，并达成"旅游开发不能影响农业发展"的共识。如何在发展当地农业的同时拓展旅游观光业，是村民们面对的一大挑战。为提高整体经济效益，白川乡积极地制订了有关农业发展方向和政策的"五年计划"。其次，注重将传统文化融入旅游中。白川乡在众多传统文化中深入寻找具有浓郁当地特色的内容，如传统的庆典活动、特色民歌表演等，将其作为旅游活动的一部分，增强了趣味性和体验性；同时也让游客亲自体验当地的传统文化，有益于文化传播。再次，注重特色的保留，在旅游中加入民俗元素。1973年前后，白川乡开展了民宿的营业项目。为保证传统建筑不失去民俗特色，同时又能满足旅游者对便捷、舒适的需要，当地在保留合掌造建筑的外观、室内空间结构和当地特有用具的基础上，采用了现代化的家具设备，提供了基本的住宿条件。最后，建设符合当地特色的商业街。根据白川乡合掌村落自然环境保护协会的建筑规则，商业街店面的装饰都尽量选择当地的材料，呈现出和谐统一的美感；同时，商业街的每个店都有各自的特色和卖点，吸引了大量的游客❶。

（3）白川乡乡村旅游的可持续发展，既在很大程度上帮助当地居民摆脱了贫困，同时又保留并发扬了珍贵的传统文化。通过旅游开发与旅游扶贫的协同发展，白川乡居民开辟了农业耕作之外的增收途径，使得经济收入和生活水平都得到很大提升。与此同时，合掌村保存了日本传统建筑技术和聚落文化风格，于1995年被联合国教科文组织指定为世界文化遗产。旅游业的发展为白川乡文化遗产保护和传承带来了具有世界领先水平的技术，以及一系列独特的乡土文化保护措施，使其被誉为"日本传统风味十足的美丽乡村"。

白川乡依靠旅游业传承文化、增加收益，为我们在乡村旅游开发的过程中保留文化与特色提供了诸多借鉴。

首先，充分发挥社区参与的作用，鼓励原住居民加入乡村旅游的建设中。白川乡的传统文化之所以能被保留得如此完好，旅游能发展得如此长久，

---

❶ 紫嫣. 看日本合掌造村落保护策略[N]. 中国花卉报，2018-01-04（W04）.

最大的功臣就是当地的居民。他们牢牢把控着旅游开发的尺度，避免因过度开发而使环境、文化遭受巨大的破坏。同时，他们的参与使乡村旅游凸显特色。每一个村落的灵魂其实都来自人，游客行走在乡村中，除了看到美丽的田园风光、独特的传统建筑，还能感受到村民生活的烟火气息，了解他们的生活习惯、文化习俗。这样乡村才能活过来，旅游才能充满生机。

其次，重视法律政策。 从白川乡的例子中我们可以发现，日本乡村振兴运动的快速推进离不开一系列相关法律法规的及时出台和修订，以及不同法律法规的相互协调、配合。无论村民自己还是当地政府，都善于将规定书写成文，将约定变成硬性规定，这样不仅明确了旅游业的未来规划、村落的发展原则，也对人们的行为形成了一定的约束力。

最后，注重加强传统文化和村落原始风光的保护。 在发展旅游的过程中，白川乡的政府和居民都对传统建筑的保护和传统种植业的发展非常重视，坚持在保护的基础上发展旅游业。这样做的结果就是既保留了村落原始风貌，降低了对村民正常生活的影响，同时又发展了村落经济，实现了社会效益、经济效益、文化效益和环境效益的共赢。

4.1.3 意大利

意大利地处欧洲南部、地中海北岸，领土包括阿尔卑斯山南麓、波河平原地区、亚平宁半岛、西西里岛、撒丁岛等，陆地由山地、丘陵和平原组成，地形狭窄，为典型的地中海气候地区。良好的自然地理环境为意大利成为世界农业强国创造了得天独厚的条件。作为欧洲文化发源地之一，意大利拥有丰富的人文旅游资源，尤其在乡村地区保存了大量珍贵的历史文化遗迹。

然而，在意大利城市化进程不断加快的同时，一些偏远地区却由于交通不便而受到很大程度的发展限制，陷入贫困、"空心化"甚至是衰败的窘境。城市与乡村地区发展的极度不均衡性、乡村地区旅游资源的丰富性与当地经济发展的落后性之间的尖锐矛盾引起了意大利政府的高度重视，其政府在贫

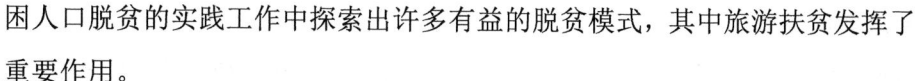

困人口脱贫的实践工作中探索出许多有益的脱贫模式，其中旅游扶贫发挥了重要作用。

1. 旅游扶贫在意大利的发展

意大利的贫困问题主要表现为南北方发展严重不协调，意大利南部的发展远远落后于北部。推动南方扶贫开发、帮助其经济振兴是意大利扶贫工程的主要内容。南方大量从事传统手工业的村镇，由于经济发展滞后而处于半荒废状态。为了振兴南方经济，意大利政府做了很多尝试。1950年以来，意大利主要通过促进工业化进程来发展经济，但由于诸多原因，成效一直不太理想。直到后期，意大利才逐渐提高对第三产业的重视并加大投入，推动了旅游业在南方村镇的发展。

（1）为了拯救濒临消失的传统村镇，意大利政府鼓励发展城镇旅游。2016年，意大利环境协会报告指出，意大利有近2500座人口稀少、房屋破旧的村庄，由于经济发展缓慢造成人口大量流失，一些已逐渐荒废，另一些则如鬼城般陷入死寂。为了抢救这些承载着意大利传统手工艺文化的古城，其政府近几年出台了多项措施，其中就包括振兴特色古城镇旅游。这种旅游战略的实施和旅游方式的出现，既能够让游客深入意大利，感受到古城镇的无限魅力，同时也拓展了意大利的旅游产业链，带动了经济均衡发展，促进了古城镇的复兴❶。

（2）意大利大力发展农业旅游，提高农民收入，实现农产品价值增值。农业旅游对诱导性活动具有多重影响，在乡村发展中扮演着关键角色❷。1975年，城市化和工业化带来的不可控性和社会认同危机致使人们意识到发展农

---

❶ 韩硕. 特色旅游唤醒意大利古城镇 [EB/OL]. http://world.people.com.cn/n1/2018/1121/c1002-30412287.html，2018-11-21/2018-12-26.

❷ Fabio Maria Santucci. Agritourism for Rural Development in Italy, Evolution, Situation and Perspectives [J]. British Journal of Economics, Management & Trade, 2013, 3（3）: 186-200.

业旅游的重要性——重建自然和工业社会的平衡（ibid）。20 世纪 80 年代，"回到乡村"的观念一时之间成为潮流，城市居民显示出对农场产品的偏好，许多城市居民回到乡村度假、购房，农业学院和农业大学也不断增设❶，意大利农业旅游快速成长。直到如今，意大利的农业旅游发展始终位于世界前列。

出于协助农业振兴、增加农民收入、实现农产品价值增值和促进农业旅游形式多样化发展的目的，意大利政府在政策上大力支持农业旅游发展，并采取有效手段促进其进步。

首先，善于将法律手段作为旅游业发展的支撑。意大利是首个将农业旅游纳入法律的欧盟国家。1985 年，它的第一部关于农业旅游的国家法律正式生效❷。法律对农业旅游经营者的从业资格和资质认证进行了严格的规定，以此对行业进行规范化管理。与其他国家不同的是，意大利政府只允许农场主及其家庭成员开展农业旅游，规定所开展的旅游活动必须与农业相关，且农业需占据基础地位。此外，法律还规定了农业旅游工作者的工作时长❸。**其次，注重绿色有机的理念**。随着诸多食品安全问题的曝光以及人们消费水平的提高，越来越多的消费者开始关注绿色有机食品。将有机农业与观光休闲相结合，兼顾了农户与游客双方的利益，既提高了农户的收益，又让游客见证了有机农作物的生产过程，吃上了放心菜。**再次，独特的体验活动**。农业旅游要做好，除了需具备美丽的田园风光，更需要安排与设计丰富的体验活动。意大利阿布鲁佐的安韦萨村，曾开展了"领养一只羊"的活动，鼓励游客在网

---

❶ Katia Laura Sidali. A Sideways Look at Farm Tourism in Germany and in Italy [J]. Food, Agriculture and Tourism: Linking Local Gastronomy and Rural Tourism: Interdisciplinary Perspectives, 2011: 2-20.

❷ Clemens R L. Keeping Farmers on the Land: Adding Value in Agriculture in the Veneto Region of Italy [J]. Midwest Agribusiness Trade Research and Information Center, 2004（9）: 1-24.

❸ Lupi C, Giaccio V, Mastronardi L, et al. Exploring the Features of Agritourism and its Contribution Torural Development in Italy [J]. Land Use Policy, 2017（64）: 383-390.

上签订领养奶羊计划。在与农场联系后，领养人可定期获得该农场生产的农产品，例如羊奶奶酪及萨拉米香肠等。该活动带动了当地经济的可持续发展，缓解了劳动力不足的问题，同时增强了游客的体验，使其能深入体验乡村旅游的乐趣，获得更多的农学知识。**最后，完善农业旅游体系，扩展旅游产业链。**在意大利，农业旅游与其他活动项目融合发展是一种普遍现象，常见的有餐饮业、住宿业、娱乐活动（如骑马）、体育活动（如山地自行车）、休闲活动（如登山、徒步旅行）、教育活动等[1]。

（3）意大利注重村镇特色的挖掘，用特色来唤醒旅游发展。以意大利的白露里治奥古城为例，这是一座拥有 2500 年历史的小城镇，坐落在陡峭的山顶上，依靠一条狭长的石头人行桥与外界联系，从远处看就像一座浮在空中的城堡，因而被称为"天空之城"。日本动画大师宫崎骏的著名动画电影《天空之城》的灵感就来源于此。由于地理位置偏远、商业萎缩，年轻劳动力大量外流，古城的经济曾长期处于困境中。2008 年国际金融危机爆发后，城内人口长期保持在个位数，直到后来少部分中国游客到访并将当地的照片上传至网络，才逐渐引起网民的关注，同时吸引了一批批游客到访。旅游业的发展为当地增加了收入来源，门票和其他旅游业收入使当地焕发新的活力。2017 年，在当地旅游发展旺盛的势头上，古城政府和旅游平台共同修复打造了艺术中心，以此吸引更多艺术家前来创作；同时当地还举办了电影节，以吸引更多游客。如今，古城成了著名的旅游胜地，其知名度越来越高，世界各地许多游客慕名而来，当地的收入水平大大提高，城内夏季常住人口已增长至 100 多万人，2018 年创造了接待游客 80 万人次的纪录[2]。

（4）意大利政府鼓励发展林业旅游，进行森林旅游休闲创新。在日益城

---

[1] Iorio M, Wall G. Behind the Masks: Tourism and Community in Sardinia [J]. Tourism Management, 2012, 33 (6): 1440–1449.

[2] 韩硕.特色旅游唤醒意大利古城镇 [EB/OL]. http://world.people.com.cn/n1/2018/1121/c1002-30412287.html, 2018-11-21/2018-12-26.

市化的背景之下,越来越多的游客转向森林、林地开展旅游休闲活动[1]。意大利政府鼓励发展林业旅游,进行森林旅游休闲创新,如特伦蒂诺建立了森林探险公园和专业化的教育农场,充分挖掘和展示了林业旅游的魅力;与法国、比利时等国共同创立了国际马术旅游联合会(Federation International of Equestrian Tourism),依托森林旅游资源,协助各国开展"马主题"的体育旅游活动。该协会除了拥有国际马联的奥运马术竞赛体系外,还创新整合了各种依托于民族文化和旅游娱乐的项目,具有很强的趣味性、娱乐性和参与性[2]。

2. 旅游开发与旅游扶贫协同发展在意大利的实践——以波瓦村(Bova)为例[3]

波瓦村位于意大利卡拉布里亚的阿斯普罗蒙特国家公园内,是一个自然风景优美、历史悠久的古老村庄。Bova 是希腊语"飞地"的意思(该村庄在意大利领土内,但居民却说纯正的希腊语),这种濒危的语言文化一直延续至今。由于地处交通不便的内陆地区,当地严重缺乏可进入性,这一方面使古老的传统文化得以保存,另一方面致使村庄陷入了贫困和人口大量流失的困境;与此同时,当地历史悠久的传统宗教活动面临失传的危险境地。为解决这些问题,波瓦村大力举办宗教游行活动——棕榈主日,不仅扭转了不利局势,更促进了村庄的可持续发展。

当地举办宗教活动的探索主要可归纳为以下几个方面。

积极传承古老手工艺。当地文化协会中的老年人教导年轻人编织

---

[1] Font X, Tribe J. Forest Tourism and Recreation [M]. Wallingford: CABI Publishing, 2000.

[2] Notaro S, Paletto A, Piffer M. Tourism in Novation in the Forestry Sector: Comparative Analysis between Auckland Region (New Zealand) and Trentino (Italy) [J]. iForest-Biogeosciences and Forestry, 2012, 5 (5): 262-271.

[3] Ferrari S, Faenza P. The Rediscovery of an Ancient Community Eventina Language Minority Village: The Case of Bova (Italy) [J]. Managing and Developing Communities, Festivals and Events, 2016: 135-147.

"pupazze"的技术活动得到当地居民的热烈响应,在一定程度上实现了传统手工艺的继承,同时也为游行活动的开展提供了极具特色的道具。

丰富文化旅游产品体系。 由当地政府和协会组织开展复活节蛋糕品尝会、神话喜剧演出等活动,丰富了当地的旅游产品体系。

与学术界开展合作。 当地政府邀请人类学专家对宗教仪式复兴进行分析,并将其直接纳入 Palme Intertwining 实验室,促进了文化会议的发展。

争取政府财政支持。 2009 年,宗教游行活动获得了 FAI 及意大利文化部的赞助。

多渠道宣传。 首先,该地重视游客的"口碑",以较高的游客满意度实现了良好的"口碑效应";其次,通过强大的媒体宣传为当地招徕大量的客源,当地政府和协会组织不仅向参观者推荐人文、自然景点,还建议游客与当地居民接触,这一行为得到了游客的肯定;最后,参与线下举办的摄影展,提升当地的影响力。

宗教游行活动的举办在当地取得了巨大的成功,带动了波瓦村的经济发展,其主要影响如下。

(1)发挥了旅游产业的良性催化作用。开展文化旅游为当地居民提供了更多的就业机会,带来了直接收益,增加了居民的经济收入,提高了地方政府的财政收入;与此同时,具有较高产业关联度的旅游业的发展刺激了当地其他产业的发展,显著提升了当地经济水平。

(2)吸引人流入驻,突破村庄"空心化"难题。一方面,开展游行活动将当地部分外出者吸引回村庄,减少了当地人口的流失;另一方面,宗教游行活动的开展提高了社会公众对村庄的关注度,吸引了更多的人在当地购房,使波瓦村的人口缺失问题得到缓解,当地人口状况呈现出较强的稳定性[1]。

---

[1] Luigi Biocca Nicolò Paraciani. Accessibility and Heritage in the Tourism Perspective: Some 'Minor' Case Studies from Italy [J]. Journal of Heritage Tourism,2011,6(1):1-15.

（3）增强当地居民的文化自觉与文化自信。开展宗教游行活动使得当地濒临失传的宗教文化得到活态传承。与此同时，当地独特的语言也得以保留，并且引起了语言学、人类学等相关领域的专家的兴趣与关注。此外，当地居民对当地传统宗教文化有了更加深刻的理解，增强了文化自信，提高了保护与传承文化的自觉意识。

（4）提高社区凝聚力与向心力。宗教游行活动的开展使当地经济、社会状况都得到了较大的改善，社区居民作为直接的利益相关者，对社区的认同感、自信心在很大程度上得到了提高，这些都进一步增强了社区的凝聚力与向心力。

在发展文化旅游的过程中，波瓦村实现了社区居民、政府、企业和以学者、艺术家、媒体为代表的多方参与、协作，最终实现了良好的综合效益，推动了村落的振兴和可持续发展。

4.2　发展中国家旅游开发与精准扶贫的协同路径

4.2.1　南非

南非自1994年举行了首次不分种族的大选，产生了制宪议会和新政府，并于同年终止了种族隔离制度后，在处理种族隔离制度遗留的社会问题与经济问题上取得了极大成就。但国内贫富差距仍不断加大，贫困人口（主要是黑人）日益增加，失业问题持续升级[1]。南非政府将旅游扶贫作为解决上述问题的重要方式之一，并对其寄予厚望。

---

[1] Christian M. Rogerson. Pro-poor Local Economic Development in South Africa: The Role of Pro-poor Tourism [J]. Local Environment, 2006, 11 (1): 37-60.

1. 旅游扶贫在南非的发展

南非的旅游业潜力巨大，发展迅速，其拥有独特的地理区位、一流的旅游资源与旅游产品。将旅游扶贫作为缩减贫困的措施之一，是符合南非比较优势和现实状况的战略选择。旅游扶贫理念在南非的实践，是一个循序渐进的过程，需要国家、政府部门及地方政策、计划和法令的促进、推动和保障。这些政策、计划与法令主要包括南非政府的宏观经济政策、旅游优先发展的政策、提高黑人经济实力法及其宪章和计划等❶。同时，从1996年开始，南非政府采取了负责任旅游（Responsible Tourism）、减少贫困计划（Poverty Relief Programme）、旅游公平贸易（Fair Trade in Tourism）、激励旅游扶贫企业（Business Incentives）、创建旅游扶贫试验区（Case Studies and Pilot Sites）等一系列措施，使旅游业成为地方社区经济发展的重要动力。

（1）负责任旅游（Responsible Tourism）。

1996年，南非政府发表了《发展和推进南非旅游白皮书》，提出发展负责任旅游。它要求"旅游业在当地产生较大的经济利益，使当地人能参与市场运作，提高接待社区的福利，改善工作条件以及保护当地的文化"❷。尤其强调通过旅游发展规划，支持从前被忽视的黑人社区旅游业的发展，并为当地居民提供就业岗位。

在白皮书的呼吁下，原南非环境事务与旅游部于1996年开始提出一系列政策，具体如表4-1所示。

1997年，有关旅游业的发展、就业和再分配报告（GEAR）进一步宣布坚定地执行白皮书的战略和框架，强调旅游业应该是"政府主导、企业驱动、社区为基础、员工参与"的。

---

❶ 王颖. 中国农村贫困地区旅游扶贫 PPT 战略研究 [D]. 上海：上海社会科学院，2006.

❷ Anna Spenceley, Jennifer Seif. Strategies, Impacts and Costs of Pro-poor Tourism Approaches in South Africa [Z]. PPT Working paper No.11, 2003：9.

表 4-1　南非政府为负责任旅游目标制定的政策法规❶

针对方向	政策法案名称	颁布时间
旅游环境方面	White Paper on the Development and Promotion of Tourism in South Africa 《发展和推进南非旅游白皮书》	1996
	White Paper on Sustainable Coastal Development 《再生海岸线发展白皮书》	2000
	National Environment Management Act.No.107 《国家环境管理第 107 号文》	1998
文化遗产方面	National Heritage Resources Act.No.25 《国家文化遗产第 25 号文》	1999
	Provisional Declaration of Type of Heritage Objects Notice 《国家保护遗产项目宣言》	2000
经济产业方面	Competition Act.No.89 《竞争管理第 89 号文》	1998
劳工方面	Regulations of the Standards Generation Body（SGB）for Hospitality，Tourism，Travel Gaming and Leisure 《旅游业从业人员身体状况标准规定》	1998
能源方面	White Paper on an Energy Policy for South Africa 《南非能源政策白皮书》	1998

2002 年 3 月，原南非环境事务与旅游部发表了《南非负责任旅游指南》。这一指南设定了一系列旅游部门需要实现的定量目标，用以指导、启发企业拥有者更好地进行实践。为进一步落实白皮书中经济、环境与社会可持续发展的目标，争取当地社区优先发展的机会，指南要求私营企业做到❷：① 发展合伙经营企业，并保证社区占有一定比例的股本，同时强调社区以土地资

---

❶ 王颖. 南非负责任旅游的兴起及其意义 [J]. 世界地理研究，2008，(01)：132-136，143.

❷ Anna Spenceley, Jennifer Seif. Strategies, Impacts and Costs of Pro-poor Tourism Approaches in South Africa [Z]. PPT Working paper No.11, 2003：9.

本入股；帮助社区进行能力建设，使社区参与到企业管理中。② 购买当地产品，接受当地社区提供的服务。政府对企业在方圆 50 千米范围内购买的产品与服务的比例进行监测，并要求企业三年内在现有比例基础上提高 20%。③ 公平、公正、公开地招募职员，尽量聘用当地社区居民。政府为提升企业方圆 20 千米范围内的社区就业率与薪资水平，制定了一系列目标。

2003 年，南非当局发布了《负责任旅游手册》，该手册针对南非现实情况，配以实际操作的例子，从经济、社会和环境三个方面对"负责任旅游"进行了说明[1]。

（2）减少贫困计划（Poverty Relief Programme）。

2001 年，"减少贫困计划"被原南非环境事务与旅游部推出，它聚焦地方旅游与生态发展对降低贫困人口数量的作用，旨在通过长期的可持续的旅游工作，减少南非的贫困社区。在计划实施中，旅游部门在贫困社区大力建设与完善旅游基础设施，推出了多样化的旅游产品，营造了优质的旅游环境，提升了贫困社区的旅游接待能力，以抓住旅游发展中的新机会。

（3）旅游公平贸易（Fair Trade in Tourism）。

1999 年南非发起的"旅游公平贸易"（Fair Trade in Tourism，简称 FTT），根据国际网站定义，是"可持续旅游的主要部分"。FTT 主张没有公平的旅游，就不可能实现可持续旅游。旨在通过多方的利益和公平的旅游合作使景区利益相关者所获利益最大化。它支持赋予景区、社区参与旅游决策、规划和发展进程的权力。旅游公平的观念在南非被广泛传播，也出现了许多支持公平和负责任旅游的试点。作为贯彻落实白皮书的一个组成部分，南非旅游中的公平贸易（以下简称 FTTSA）的开展具有明显的地区特色[2]。

在南非，FTT 的作用是提倡公正的文化，帮助南非旅游业创造公平参与

---

[1] 王颖. 中国农村贫困地区旅游扶贫 PPT 战略研究 [D]. 上海：上海社会科学院，2006.

[2] Fair Trade in Tourism South Africa（FTTSA）Strategic Analysis and Business Plan March 2005 to February 2008（3years）p.9/2006–04–23.

的条件。FTTSA 提出了 6 项原则，即可靠、透明、公平享受、民主、尊重和可持续发展。专家们把这些原则作为核心理念，转换成可衡量的标准和指标用来进行评价，这些指标为公平的工资、工作条件、操作、购买、利益分配、民族特有的经营实践，以及对人权、文化和环境的尊重提供了保障。

（4）激励旅游扶贫企业（Business Incentives）。

旅游企业是贫困社区旅游业发展过程中的重要参与者，旅游企业可以帮助社区居民进行能力培养，为社区提供就业机会，吸引资金流，引进先进技术，同时促进社区基础设施的建设与完善等。因此，为了增加旅游开发过程中贫困社区居民的实际受益，增强旅游企业的责任感，南非实行了一系列激励政策。这些政策主要包括以下几方面❶。

①规划获准（Planning Gain）。为实现财务独立与自主经营，在规定时期与规划区域内，南非国家公园（SAN Parks）被授权建设与使用旅游设施。但投标书必须有关于如何通过投标项目促进贫困居民获益及为新兴企业（尤其是国家公园临近区域的企业）提供商业机会的信息。同时，一些南非的省级环境保护机构还要求投标者提供如何提高穷人进入旅游市场的可能性及增加旅游企业雇佣当地居民数量等的信息。

②资金资助（Access to Finance）。南非的旅游企业可以获得来自扶贫旅游开发项目的资金支持。这些资金可用于旅游基础设施的建设与社区居民的能力提升。除此之外，南部非洲发展银行（DBSA）资助实施负责任旅游战略的评估，并帮助旅游企业寻找资金支持。

③良好的邻里关系（Good Neighbour Relationships）。南非的农村投资者逐渐意识到与周边社区维系良好关系的重要性，并开始将利益分配给周边各个社区。旅游企业常常采用"企业社会责任"的方式向周边社区分配利益，对学校、诊所、供水设施、卫生设施及奖学金等进行投资。与此相对的是，

---

❶ Anna Spenceley, Jennifer Seif. Strategies, Impacts and Costs of Pro-poor Tourism Approaches in South Africa [Z]. PPT Working paper No.11, 2003: 9—11.

社区以与旅游相关业务的形式回报企业，如将社区土地用于旅游开发。

④营销激励（Marketing Incentives）。南非联邦接待协会（FEDHASA）为接待部门设立了奖项，那些实施可持续经济、社会和环境项目的产业部门和成员都将得到奖励。为此，76个企业与南非联邦接待协会签订了执行负责任旅游的条约。

（5）创建旅游扶贫试验区（Case Studies and Pilot Sites）。

为了研究 PPT 战略对地方企业与社区居民等的影响，获取战略实践经验，南非设立了许多PPT案例研究区。PPT项目小组与研究区内的企业建立了密切联系，特别是英国国际发展署资助的5个旅游企业，通过它们从不同类型客源市场、旅游产品、土地占用情况、经营能力与旅游扶贫相关政策及获取PPT项目实施的相关信息，总结经验教训，讨论改进措施，调整政策。除此之外，政府还设立了南部太阳城旅馆集团、荒野丛林岩石湾、太阳城胜地、斯匹尔休闲区和克•唐狩猎场 5 个南部非洲旅游扶贫试验项目。利用上述实验区实施相应的旅游扶贫战略和政策，让当地社区贫困人口或当地企业与主流旅游企业建立联系，让他们参与到旅游企业的生产、经营活动中，达到旅游业带动贫困人口增收和地方经济发展的目的。

2. 旅游开发与旅游扶贫协同发展在南非的实践

由于长期的种族隔离制度，南非的黑人在经济、观念上长时间处于落后状态。截至目前，南非国内贫困人口主要为黑人。1994 年，南非国内开始重点推广旅游扶贫，而旅游扶贫的关键之一是黑人聚居的社区。经过 20 多年的发展，旅游扶贫对黑人文化社区的发展产生了促进作用。

其一，负责任旅游（Responsible Tourism）的持续推进，提升了旅游企业对社区居民利益的关注度。由于黑人社区的旅游发展常常为外来者所掌控，当地在文化、科技、技能方面相对落后，社区居民在旅游企业中常常处于基层岗位，工资保持在较低水平。旅游企业给予社区居民与劳动强度不匹配的低工资，常年侵犯其人权。

1996年，南非政府发表的《发展和推进南非旅游白皮书》提出的负责任旅游，要求"旅游业在当地产生较大的经济利益，使当地人能参与市场运作，提高接待社区的福利，改善工作条件以及保护当地的文化"。随着这一观念获得越来越多旅游者的支持，企业也更关心社区居民利益，开始给接待社区居民提供更多保障，甚至给予社区居民参与旅游企业运作的机会，对雇用的当地人进行职位的提升以及薪资的增加。

其二，空间发展计划（SDIs）和发展增权旅游为本土旅游发展提供了支持。空间发展计划将"增权"作为发展旅游的优先目标，在推进一系列相关工作的过程中提出了发展增权旅游（empowerment tourism），即一种由以前处于劣势的社区或个人拥有与控制的旅游企业所主导的本土旅游发展模式[1]。空间发展计划的推进，使公共部门（public sector）参与到本土旅游发展中来，促进了各部门间的合作并提出了一整套发展战略，为本土旅游发展提供了支持。

其三，土地改革为社区居民参与旅游发展提供了可能性。资源与土地所有权是决定社区居民参与旅游发展的最重要因素。当社区拥有完整的土地所有权时，他们就可以决定和控制当地的旅游发展，利用社区的土地开办合资企业，并获取资金以支持企业发展。然而，在南非，黑人社区常常被剥夺土地的所有权或仅仅拥有不完整的权利。空间发展计划（SDIs）包含许多项目，土地改革是其中一项。它包含两种形式，第一种形式是归还社区土地所有权与使用权。这一形式在农村地区推行，由于私营企业无法获得完整的土地所有权，社区成为主要的受益者。鉴于此种情况，米德尔堡镇议会（The Middle Burgtown Council）试图推行CPPP（Community-Public-Private Partnership）

---

[1] Eliffe S, Rutsch P, Beer G. Allocating Community Benefits: Institutional Options in Support of the Empo-Tourism Models, Working Paper 14. Industrial Strategy Project: Development Policy Research Unit, University of Cape Town, Cape Town, 1998.

项目，使所涉及的社区、公共部门、私营部门多方获取利益。第二种形式为土地的重新分配，即政府授权允许拥有一定资源的个人与团体购买土地以发展旅游业。土地改革试图解决黑人社区旅游发展中不明确的土地权利问题，改变了社区在旅游发展中的被动地位，为社区居民主动参与旅游发展提供了更多可能性。

其四，政府为社区旅游发展提供资金和技能培训项目。 在增权旅游的执行过程中，政府配套实施了一系列资助计划，以鼓励旅游创业者。创业者可以申请创业基金（最高限额约为 35000 南非兰特）用于建立自己的旅游企业，促进社区公共设施的建设。同时，在国家层面上，新兴的从事国际市场经营的小型旅游企业在经营的前四年，可以不断获得国家给予的补贴。由于本土居民常常缺乏旅游从业技能，南非政府致力于吸引国际机构、非政府组织及私营机构在国家、地区或企业层面资助或实施技能培训项目。从长期来看，开设了学校课程；从中期来看，1998 年，Skills Development Act 设立了国家培训项目（the National Learnership Programme），随后在 2000 年获得了 the Business Trust 的资助；从短期来看，the Wild Coast SDI 成立了创业者与旅游训练项目，这一项目由欧盟资助，计划持续执行四年以上。这些培训主要以处于劣势的年轻人与妇女为目标人群[1]。除此之外，在 Maputo Corridor 区域，艺术、文化与科技部门（DACST）还专门为文化工艺品的小型生产商提供了专家及运营培训。

其五，促进社区基础设施建设。 在扶贫基金的支持下，南非政府把大量资金投入基础设施建设中，尤其是公路网的建设与升级。社区基础设施完善水平持续提高，公共服务供给开始匹配社区居民的需求，这为社区带来了新的旅游发展机会，增加了旅游者数量。

---

[1] Bramdaw N, 2000: Eastern Cape Tourism Set for E12, 8m EU Boost, Business Day, May 22, First edition.

4.2.2 泰国

1. 旅游扶贫在泰国的发展

泰国旅游业起步于 20 世纪 60 年代，经过 70 年代的发展，在 80 年代进入鼎盛期。1982 年，泰国旅游业相关外汇收入达到 238.78 亿泰铢，首次成为最大的外汇收入来源。发展至今，旅游业已成为泰国的战略性支柱产业，它为泰国的经济发展做出了诸多贡献。

泰国经济的快速发展是旅游业推动的，它促进了人民生活水平的提高。但早在 2004 年，泰国经济社会发展委员会就指出，"泰国人民生活水平已达到 6 年来最好时期，但社会问题日益严重"。据统计，2002—2010 年，泰国的基尼系数从 0.42 增长至 0.48[1]，远超出国际警戒线 0.4，国内两极分化加剧，社会矛盾问题突出，已经严重影响到泰国社会的稳定与发展[2]。

泰国政府意识到了贫富差距问题的严重性，基于其国内经济发展的实际问题与现状，根据 2007 年亚行提出的经济包容性增长发展理念，采取了一系列措施，使得旅游经济与社会协同发展，发挥旅游在减贫方面的作用，以缩小国内贫富差距。

泰国皇室高度重视旅游经济的发展，在国家顶层制度设计的基础上，泰国国家旅游局出台了相关政策，推动其国内旅游的发展，鼓励公众广泛参与旅游活动，帮助贫困地区发展旅游业，以改善国内社会两极分化严重的现状，并由此形成了旅游经济包容性发展模式，大大推进了旅游扶贫的发展。除政府力量以外，泰国旅游扶贫过程中的另一股重要力量是社会公民组织，其中的典型代表为普卡旅游贸易组织，其开展的负责任行动为促进贫困地区经济发展做出了巨大贡献。

---

[1] https://www.social-protection.org/gimi/ShowCountryProfile.action?iso=TH.

[2] http://www.gmw.cn/03pindao/guoji/2004-04/29/ content_19413.htm.

(1)旅游经济包容性发展模式。

在其国家顶层设计与泰国国家旅游局相关政策的推动下,旅游扶贫通过一种旅游经济包容性发展模式得以实现。这种模式以包容性旅游理念为基础,倡导旅游经济与社会的和谐发展。包容性旅游是旅游扶贫的一种发展理念,即基于均等发展机会,通过旅游提升贫困人口的就业能力,促进贫困地区旅游相关产业生产性就业岗位的增加,进一步促进经济成果的公平分配,缩小贫富差距,以达到社会公平发展的目的❶。泰国的旅游经济包容性发展模式,关键是其政府机构的高效运作;核心是旅游经济的稳定增长和生产性就业岗位的增加;基础是旅游社区社会包容性与均等经济发展机会;支撑是旅游对弱势群体扶贫安全保障制度的贡献❷。具体而言,旅游扶贫的促进作用主要体现在以下四个方面。

其一,政府层面重视旅游扶贫,为贫困地区经济发展营造了良好环境。泰国政府非常重视本国旅游发展的国际化,将旅游业放在国民经济发展的重要位置,强调旅游经济发展在缩小国内贫富差距方面的作用。泰国的《国民经济与社会发展第九个五年计划(2002—2006)》提出的旅游发展相关政策,明确提及了"以旅游促进就业,把旅游业打造成为创造就业机会与岗位,增加国民收入,赋予农村社区剩余劳动力就业的权利,减少落后地区贫困的重要产业"。为实现这一目标,泰国颁布了一系列政策法规,为贫困地区旅游经济发展营造了良好的政策大环境。同时,泰国政府大力投资相关基础设施建设,提升贫困地区的旅游接待能力,为旅游发展奠定了基础。

其二,生产性就业岗位的增加,为贫困社区居民就业提供了大量机会。旅游经济的包容性发展模式在泰国旅游业的应用,促进了泰国旅游业及相关产业的大发展,带来了极大的劳动力需求。同时,在其政府引领下,泰国旅

---

❶ 王超,郑向敏. 论我国包容性旅游的发展 [J]. 重庆理工大学学报(哲学社会科学版),2012(9):39–43.

❷ 王超. 包容性视角下贵州少数民族地区旅游开发模式研究 [D]. 泉州:华侨大学,2014.

游的国际化进程不断推进，入境游客不断增多，创造了大量新的就业机会。泰国旅游经济健康稳定增长，保证了生产性就业岗位的增加，贫困地区居民获得了更多的就业机会，有利于当地旅游经济的发展。

其三，泰国国内社会公平性的增强，为贫困地区旅游建设创造了公平机会。包容性发展的理念，指导泰国政府关注旅游经济发展过程中就业教育、劳动生产、贸易竞争等的社会公平性问题，为贫困地区的旅游建设与发展提供了机会。泰国政府关注就业教育，缩小教育上的男女差距，提升女性的劳动能力；修订《劳工保护法》，保证劳工生产中的公平性，保障工人的基本权利；鼓励社会公民组织参与贫困地区旅游建设，帮助贫困地区居民获得旅游发展的机会，享受旅游发展带来的福利。

其四，旅游促进区域经济发展，为政府完善社会保障体系提供了支持。旅游的发展促进了泰国综合国力的提升，国家财政收入得到了一定的保障，使国家有能力对国内社会保障体系进行完善，进一步保护弱势群体。泰国致力于建设完善的社会保障体系，针对国内所有居民，尤其是老、弱、病、残等人群，提供了以权力为基础的系统而又充分的社会保障；将社会保险的受众范围拓展到非正式经济工人；协调现有的各种社会保障机制以减少国内的纵向不平等；确保社会保障体系财务与监督的持续性；在各层面建立社会安全与社会保障机制等❶。这些措施一定程度上提高了贫困地区居民的生活水平，降低了社会不平等程度。

（2）普卞（Phu Phiang）旅游贸易组织的负责任行动。

普卞旅游贸易组织是泰国的一个社会公民组织，致力于促进泰国旅游贸易的公平，尤其关注旅游商品交易中弱势群体的公平竞争能力与机会❷。其策划了不同类型的负责任行动，为偏远贫困地区带来旅游发展的契机，促进

---

❶ 参见社会保护世界推广平台（Global Extension of Social Security）官方网站泰国社会保护网页 https://www.social-protection.org/gimi/ShowCountryProfile.action?iso=TH（2018–12–19）.

❷ 王超. 包容性视角下贵州少数民族地区旅游开发模式研究［D］. 泉州：华侨大学，2014.

落后地区人民收入的增加。其中，普卡旅游贸易组织在国际公平贸易协会（The International Fair Trade Association，IFTA）的支持下，帮助农村工匠（village artisans）搭建了展销手工艺品的贸易平台。与泰国手工艺协会（The Thai Craft Association，TCA）合作，基于公平贸易的原则，开展了"普卡：手工艺与文化旅行"活动，帮助贫困地区增收。

2. 旅游开发与旅游扶贫协同发展在泰国的实践——以 Chalae 村落为例[1]

Chalae 村落地处缅甸与泰国的边界，位于一条非法贩卖毒品的路线上。由于自然及历史原因，当地村落居民与政府官员之间存在着地理差异与文化隔阂，地区发展的官方规划混乱，政府机构中贪污腐败现象严重，导致村落发展面临严重的土地所有权与毒品问题，社会不稳定因素多，村落居民长期处于贫困状态。

自 2000 年起，在当地非政府组织 MCAC（the Mirror Cultural Arts Centre）的支持下（尤其是在市场营销与企业管理方面），当地村民开始自发发展旅游业。这种自下而上的旅游发展模式，起到了有效的扶贫作用。

在初始阶段，村落在 MCAC 工作小组的帮助下制定了一系列战略，为当地居民营造了良好的成长与学习氛围。该战略主要是针对当地的孩子们开展各种各样的活动，例如，青年领导者项目（Youth Leaders Programme）用以培养大批优质的导游人才，在年轻一代心中根植保护社区环境与保持长远发展的观念。为了使家庭与社区之间建立健康稳定的关系，创造更好的旅游环境，MCAC 与社区委员会一同分析商讨，制订了社区与旅游发展计划。各种各样的手工工艺品的研发与创新，使得当地居民拥有了可以谋生的技能，也使当地妇女们可以远离毒品种植。

除此之外，MCAC 邀请外来人士融入村落原住民的真实生活中，并参与

---

[1] Polladach Theerapappisit. Pro-poor Ethnic Tourism in the Mekong: A Study of Three Approaches in the Northern Thailand [J]. Asia Pacific Journal of Tourism Research, 2009, 14 (2): 200-221.

到当地孩子们的教育活动中。这一项目取得了成功，每个月大约有20个拥有不同生活与工作背景的志愿者来到村落，参与教育活动。他们与当地孩子同吃同住，开展手工艺制作、游戏、交流、游泳、种植、导游等活动。MCAC还专门建立了网站，对村落活动进行宣传，以引起关注，为村落获取基金援助。

在MCAC的帮助与运营下，村落的原住民获取到了极高的收入，是以前村落由外来旅游运营者运营时收入的25倍，起到了有效的扶贫作用。

旅游扶贫对Chalae村落发展的促进作用主要表现在以下三方面。

其一，非政府组织的积极参与，为当地旅游发展提供了机会。1991—2009年，除Chalae村落以外，非政府组织MCAC还在清莱府的MaeYao分区实施了一系列的贫穷社区发展项目，使这一地区的14个山区村落中近12000名阿卡族、拉祜族及卡伦族居民受益。像MCAC这样的社会公民组织还有很多，在泰国政府旅游扶贫政策的鼓励下，它们广泛参与贫困社区的旅游发展，为社区旅游经济的发展提供了机会。和当地政府的政策支持相比，非政府组织与贫困社区直接接触，从技能培训与旅游基础设施建设入手，充分与当地居民交流并获得及时反馈，往往更能通过旅游发展有效促进贫困社区的经济、社会与文化复兴。

其二，学习型社区的积极建立，有利于社区旅游的可持续发展。非政府组织MCAC工作小组帮助制定的旅游扶贫战略，关注学习型社区的建立，为社区居民营造了学习的氛围与环境。他们帮助居民学习旅游从业技能与管理方法，使以前从事非法职业或无业的村民真正有能力参与社区的旅游发展并从中获利，促进了家庭稳定与社会和谐；通过开展一系列针对年轻一代的活动，使他们树立保护环境的观念并拥有长远发展眼光，保证社区的环境保护与文化传承，有利于社区旅游的可持续发展。

其三，自下而上的旅游扶贫模式，有利于贫困社区真正从旅游中获利。Chalae村落的旅游扶贫模式，以村民为根本，村民在社会公民组织的帮助下，自主决策、自主发展，自下而上，是一种长期的可持续发展的模式。由于没有外来企业的剥削与过多上级政策的干预，社区能够从旅游发展中真正获利，实现经济增长，避免了旅游扶贫中"越扶越贫"情况的出现。

4.3 国际经验借鉴及启示

4.3.1 国际经验

无论发达国家还是发展中国家，都或多或少面临减贫问题。在本章中提到，发达国家如澳大利亚、日本、意大利等，在政府的主导下较早实施旅游扶贫，经过多年发展，理论与实践成果丰硕，形成了一大批成熟的旅游开发与旅游扶贫协同发展的实践案例，有很多经验及发展方式值得借鉴。发展中国家如南非、泰国等的旅游开发与旅游扶贫协同发展模式仍处于探索阶段。由于经济水平较低及国内贫富差距大的现实，我国缺少成熟的案例地，但这些国家的国情与区域经济发展情况与我国有很多相似之处，为我国探索旅游开发与旅游扶贫的协同发展提供了更多的实践参考。

总体而言，国际旅游开发与旅游扶贫协同发展的实践案例，呈现出以下特征。

1. 强调政府主导，配套相关政策支持

在本章案例中，无论发达国家还是发展中国家，旅游开发与旅游扶贫的发展都是由多个政府部门共同参与，并配套了一系列的政策法规。澳大利亚政府实施"土著人旅游业发展战略"，制定了生态旅游业标准化规范、地方旅游发展资金支持的系列政策；日本发展乡村旅游扶贫，采取倾斜政策并制定系列法律文件加以保障，为促进乡村振兴，颁布了《文化财保护法》《山村振兴法》等法令以提供支持；南非更是提出了政府的宏观经济政策、旅游优先发展的政策、提高黑人经济实力法及其宪章和计划等政策与法令，并由政府主导采取了负责任旅游、减少贫困计划、促进旅游公平贸易、激励旅游扶贫企业、创建旅游扶贫试验区等一系列措施。政府的主导，为贫困地区旅游发展营造了良好的环境，大量政策法规为旅游发展提供了有效保障，引导旅游扶贫有计划地发展。

2. 关注社区参与及社区增权问题

社区参与是旅游扶贫精准化的充分必要条件，旅游扶贫的不断精准化提升了贫困人口在当地社区旅游发展中的参与度，而社区的充分参与又促进了旅游精准扶贫"扶真贫""真扶贫"目标的实现。

居民是参与旅游扶贫的主体。居民所传承的传统文化及生活方式是最具吸引力的旅游资源。社区参与及社区增权使当地居民真正受益，为游客提供了真实的传统文化，为自身增加了经济收入，为社区发展提供了契机。发达国家较早认识到这一点，"政府主导，企业合作，社区宣传"，三位一体促进了社区参与，而发展中国家近年才开始关注这一问题，并致力于社区增权。

在澳大利亚，政府管理与土著参与融合以保护丰富的土著文化资源。其政府设立土著事务部，使土著人也能够管理自己的事务，并逐步在政府职能部门任职；鼓励土著居民参与旅游发展，自行设计文化旅游线路，创新旅游手工艺品；支持旅游企业与当地社区合作经营旅游项目，提升社区居民的社会技能。

近年，南非研究者将研究重点放在了社区增权上，通过社区增权，保证社区的高参与度。南非政府也提出了发展增权旅游（empowerment tourism），进行土地改革，明确土地的所有权与使用权，为社区提供进入旅游业的资本；倡导"负责任旅游"，鼓励企业与社区合伙经营，改变居民在旅游发展中的被动地位；制订国家培训计划、企业培训计划，帮助社区居民培养进入旅游企业工作的能力。

3. 注重传统文化的保护与传承

传统文化是旅游开发的精神内核，是旅游目的地的灵魂所在。无论发达国家还是发展中国家，其政府都充分认识到了文化在旅游开发与旅游扶贫协同发展过程中的重要性，并采取了各种措施保护传统文化，为后续的旅游开发奠定了坚实的基础。

在发达国家的案例中，澳大利亚关注在旅游开发过程中对土著文化的保护，保护土著地区文化遗产，贯彻旅游可持续发展的观念，将政府管理与土著参与相融合，以保护丰富的土著文化资源，将不同文明的艺术形式相融合，以延长土著文化遗产的寿命。日本意识到文化是村落的灵魂，针对文化遗产的保护颁布了一系列法律法规，同时注重旅游开发中的环境与生态保护。在白川乡的案例中，当地政府支持及村民自发保护白川乡的自然生态环境和合掌造建筑，并注重将传统文化融入旅游开发中，将传统的庆典活动、特色民歌表演等作为旅游活动的一部分，让游客亲自体验传统文化，以利于文化传播。意大利关注对村落传统建筑的保护，根据不同村落情况详细制定各种旅游发展规划，深度挖掘与保护各个村镇特色文化。这样做既降低了旅游开发对村民生活的负面影响，同时又发展了村落经济，实现了综合效益的提升。

4. 鼓励旅游企业与非政府组织的参与

旅游企业与非政府组织作为除政府与当地居民外的第三方力量，是贫困社区旅游业发展过程中的重要参与者。它可以帮助社区居民进行能力培养，为社区提供就业机会，吸引资金流，引进先进技术，同时促进社区基础设施的建设与完善等。

在旅游开发与旅游扶贫协同发展的国际案例中，旅游企业与非政府组织广泛参与，为贫困地区的经济发展和贫困人口的脱贫增收做出了巨大贡献。

各国政府也颁布法令法规,鼓励旅游企业与非政府组织的参与。南非实施激励旅游扶贫企业的系列政策,包括规划获准、资金资助、良好的邻里关系、营销激励四方面内容,通过增强旅游企业的责任感,鼓励旅游企业参与社区旅游发展;泰国普卡旅游贸易组织致力于提升弱势群体在参与旅游商品交易过程中的公平竞争能力,为偏远贫困社区提供发展旅游的机会,当地非政府组织 MCAC 帮助泰国 Chalae 村落发展旅游,为村落居民提供市场营销与企业管理等方面的经验支持,并积极构建学习型社区,提升社区居民素质,保证村落旅游的可持续发展。

5. 因地制宜地选择协同发展模式

不同国家与地区的国情及贫困地区的实际情况都各不相同,各国强调"因地制宜",选择符合实际情况的协同发展模式,具体如表 4-2 所示。

表 4-2 案例国旅游开发与精准扶贫协同发展模式对比表

国家	发展模式	具体内容
澳大利亚	旅游扶贫+土著文化	提出"土著人旅游业发展战略"; 提升土著居民的文化认同感,保护与传播土著文化; 支持土著地区旅游规划; 对土著地区进行针对性的资金扶持; 注重环境保护与投资宣传
日本	旅游扶贫+乡村旅游	旅游景观与农业发展相结合,并达成"旅游开发不能影响农业发展"的共识; 将传统文化融入旅游中; 建设符合当地特色的商业街
意大利	旅游扶贫+村镇旅游	注重自然灾害的预防和因地制宜的规划; 在保护村庄的基础上进行有特色的开发与建设

续表

国家	发展模式	具体内容
南非	旅游扶贫+文化村落	推进负责任旅游； 发展增权旅游； 进行土地改革； 为社区旅游发展提供资金和技能培训项目； 促进社区基础设施建设
泰国	旅游扶贫+传统村落	鼓励非政府组织的参与； 非政府组织协助，村民自主决策、自发发展

资料来源：笔者根据前文研究归纳整理所得。

在澳大利亚，旅游扶贫的发展方向是本土文化旅游，带动澳大利亚土著居民的经济发展并保护土著社区的文化；在日本，"旅游扶贫+乡村旅游"的模式，切合了日本振兴山区经济的现实要求；意大利存在大量贫困的古村镇，为了拯救濒临消失的传统村镇，意大利政府鼓励发展村镇旅游，挖掘村镇特色；南非基于其历史原因及独特的殖民地黑人文化，发展文化生态旅游，增加其本土旅游的吸引力；泰国国内因有大量少数民族聚居村落，所以选择民俗旅游来发展旅游经济。

4.3.2 借鉴及启示

在总结出国际旅游开发与精准扶贫协同发展案例的特征后，结合我国的具体国情及连片特困地区乡村旅游开发与精准扶贫的发展现状，得到了以下启示。

1. 强调政府主导，营造良好的政策环境

旅游开发与精准扶贫协同发展是响应我国乡村振兴战略的必然要求，也是顺应"十三五"旅游发展规划的重要途径，它有利于脱贫攻坚，有利于解决"三农"问题，有利于推动社会主义精神文明建设。我国连片特困地区的旅游开发与精准扶贫的协同发展一直是在政府主导下进行的，完善政策法规、营造良好的发展大环境是政府的重要任务。

其一，完善保护传统文化与自然环境的法律法规，保证旅游的可持续发展；其二，制定并完善关于旅游规划的方针政策，并提高旅游规划审批通过的标准，保证旅游规划的整体性与科学性；其三，制定针对旅游企业的激励政策，鼓励旅游企业参与到旅游发展中；其四，完善人才引进制度，鼓励有知识、有文化的大学生参与到旅游发展中，提升旅游发展中管理者、经营者及社区居民的文化水平；其五，建立产业扶贫基金，并明确资助申请人的要求与审核流程等。

2. 聚焦社区增权，确保居民受益与发展

社区增权的核心就是使社区居民真正参与到旅游活动中，这需要多方力量的共同努力。**在政府层面**，要明确社区居民对土地资源、自然资源的所有权，保证其有资本参与当地旅游开发与经营；推进政企合作，构建学习型社区，加强对社区居民的培训并为其营造学习的氛围，使社区居民真正有能力参与旅游企业经营，掌控社区旅游发展；帮助社区居民在旅游发展中成为文化的管理者，而不仅仅是提供者；等等。**在企业层面**，要具备高度的责任感与可持续发展的长远眼光，加强当地政府与社区居民的合作，为当地居民创造就业机会，提供获利可能。**在社区层面**，社区应建立自我管理组织，带领社区发展，积极与外来经营者创建合伙经营企业，以直接获取利润而不被外来经营者剥削；改变传统的发展观念，具备应对旅游发展中的机会与挑战的能力。

3. 关注社区教育，培养传统文化的保护者与传承者

在我国现阶段的乡村旅游发展中，社区居民扮演的仅仅是文化提供者的

角色，提供文化产品的方式有表演、制作手工艺品等，获取利润是其主要目的；居民缺乏与游客的沟通。这使得文化商品化、真实的民俗文化被曲解，从而导致传统文化传承出现障碍，社区居民在旅游发展中越发被动。

在澳大利亚本土文化旅游的发展中，古奈族通过发展土著旅游与创新手工艺品吸引游客，他们设计了巴塔卢克文化路线，建立了克洛瓦敦库隆保留地保护文化，从文化提供者变为了文化传承者。而在日本，白川乡村民对村落原始风光的保护意识和保护措施是村庄能够保存完好的首要因素，为后续的旅游开发奠定了基础。因此，我国在旅游开发与精准扶贫协同发展的过程中，也需要帮助社区居民成为当地文化的保护者和传承者，促进旅游的可持续发展。首先，加强宣传与教育，增强旅游经营者、管理者、社区居民及游客的可持续发展意识，使他们自觉保护传统文化与村落原始风光；其次，引导社区居民正确认识传统文化，建立文化自信并厘清文化传承与旅游发展的关系，合理开发与利用文化，有效保护与传承文化；最后，坚持严格保护、科学管理与合理开发的方针，保证旅游资源的可持续利用。

4. 激励企业参与，提高企业的社会责任感

旅游开发商与经营商是贫困地区旅游开发的重要参与者，也是最为活跃的利益相关者，对社区发展与居民获利有着重大影响，同时也最容易与扶贫目标产生冲突。富有责任感的企业可以帮助社区居民获取经济利益，自觉保护社区文化与环境；而缺乏责任感的企业，为获得经济利益不择手段，常常与社区居民发生冲突。提高企业的社会责任感，是政府的重要任务之一，有利于实现企业与社区的双赢。首先，鼓励企业与社区建立合资企业，共同经营，公平分享利益，促进企业与贫困社区合作信任关系的建立；其次，为贫困地区的旅游企业提供政策支持，包括来自扶贫旅游开发项目的资金支持或实施税收减免政策；最后，对旅游企业的管理者进行培训，使其意识到其与所在社区维系良好关系的重要性。

5. 发挥非政府组织的推动作用

作为独立的社会第三方力量，非政府组织在区域经济发展中发挥着越来越重要的作用。目前国内非政府组织对旅游扶贫的参与度不足，他们对区域旅游经济发展的促进作用还未得到有效发挥。建立与非政府组织的密切合作，充分利用他们所拥有的丰富开发经验与资金获取渠道，国内旅游开发与精准扶贫会获得更加充分的发展机会。

其一，政府应鼓励非政府组织扩大其在贫困地区旅游发展中的参与范围，促进产业链发展的和谐一致。作为介于政府与企业之间的第三方力量，其立场可以保证其对旅游产业的各个环节进行冷静客观的思考，深入参与旅游的各个环节。其二，鼓励非政府组织创新参与方式，有利于其对旅游发展实现更好的效果。民间性、非营利性是非政府组织的主要特征，在利他主义与奉献精神等价值导向下，非政府组织成员通过各种方式开展组织活动❶。这些方式是贫困地区旅游开发的有益探索，使非政府组织对旅游产业的参与更加灵活机动。其三，鼓励非政府组织充当不同参与角色，帮助社区实现多维发展目标。非政府组织在旅游发展中可以充当多种角色，每一种角色为实现一种既定目标而存在。作为环境的保护者，非政府组织的目标是环境保护；作为扶贫先锋，非政府组织致力于解决社区贫困问题。因此，鼓励非政府组织尽可能多地扮演参与角色，有利于推动贫困社区实现环境、文化、社会、经济的全面复兴。

4.4 本章小结

本章选取了澳大利亚、日本、意大利、南非、泰国五个国家为例，就旅

---

❶ 吴祖梅. 非政府组织参与民族地区旅游产业的探索与创新[J]. 贵州民族研究, 2014, 10(35): 157-160.

游扶贫在本国的发展、旅游开发与旅游扶贫协同发展在本国的实践等方面，探讨了旅游开发与旅游扶贫协同发展的路径和经验，总结出五个国家的共同经验：①强调政府主导、配套相关政策支持；②关注社区参与及社区增权问题；③注重传统文化的保护与传承；④鼓励旅游企业与非政府组织的参与；⑤因地制宜地选择协同发展模式。

结合我国的具体国情及乡村旅游开发与精准扶贫的现状，得到了以下启示：①强调政府主导，营造良好的政策环境；②聚焦社区增权，确保居民真正受益；③关注社区教育，培养传统文化的保护者与传承者；④激励企业参与，提高企业的社会责任感；⑤发挥非政府组织的推动作用。

第 5 章

重庆武陵山片区乡村旅游开发与精准扶贫协同发展的实证研究

上一章以发达国家澳大利亚、日本和意大利，发展中国家南非和泰国为例，对国际旅游开发与旅游扶贫的典型案例地进行了梳理，分析了两者协同发展的路径和国际经验。但是，经验的借鉴必须针对重庆武陵山片区乡村旅游开发和精准扶贫协同发展的现状，进一步通过问卷调查、实地访谈等实证研究方法，为构建重庆武陵山片区乡村旅游开发与精准扶贫协同发展的路径，提供切实可行的政策建议。

5.1 评价指标体系构建的原则

数据指标构建主要依据科学性、完整性和可行性三个基本原则。科学性是指数据指标能真实有效地反映旅游发展现状和规律，以及精准扶贫的实施成效；完整性对评价指标能合理、完整地反映乡村旅游开发与精准扶贫系统的要素构成和特征提出了要求，即指标组成应是完整的，有内在联系但各项指标互不重叠；可行性是指各项指标易于收集，能够进行数据可视化处理，从而保证乡村旅游开发与精准扶贫协同发展的实证研究顺利开展。

5.2 协同发展指标评价体系的构建

5.2.1 旅游系统综合评价指标体系的构建

吴必虎将旅游系统分为交通出行系统、客源市场系统、目的地系统和旅游支持系统❶。基于前文的分析，本章主要围绕旅游目的地系统构建旅游系统评价指标体系。通过对已有文献的研究，学术界将旅游目的地系统构成基本归纳为旅游吸引物、旅游设施和旅游服务三大要素，具体又包含旅游景区数量、食宿设施总量、年均游客接待量、旅游总收入等小的指标。为了方便统计及对照，本章选取旅游吸引物、旅游服务与设施及旅游市场效益三方面来衡量重庆武陵山片区旅游综合发展情况，具体如表5-1所示。

表5-1 旅游系统综合评价表

一级指标	一级指标	二级指标
旅游系统综合评价体系	旅游吸引物	A级旅游景区数量/个
		非物质文化遗产数量/个
		中国传统村落数量/个
	旅游设施与服务	等级公路里程/千米
		通信覆盖率/（移动电话用户数/万户）
		旅游从业人数/人
		旅游年收入/亿元
	旅游市场效益	年接待游客量/万人次
		旅游收入占GDP比重

---

❶ 吴必虎. 旅游系统：对旅游活动与旅游科学的一种解释 [J]. 旅游学刊，1998（1）：21–25.

5.2.2　精准扶贫系统综合评价指标体系的构建

精准扶贫系统的评价指标构建,本章主要围绕精准识别、精准帮扶、精准管理三个维度,针对每个维度设计具体的评价指标,来反映重庆武陵山片区精准扶贫的现实情况,具体如表5-2表示。

表5-2　精准扶贫评价体系表

一级指标		二级指标	指标解释
精准扶贫评价体系	精准识别	贫困人口识别率	年度新识别贫困人口数占年度贫困总人口比例
	精准帮扶	社会保障与就业帮扶率	社会保障与就业支出占全年财政支出比例
		教育扶贫精准度	教育支出占全年财政支出比例
		医疗卫生精准扶贫	医疗卫生支出占全年财政支出比例
	精准管理（脱贫）	贫困发生率	贫困人口占总人口比例
		人均可支配收入增长率	

5.2.3　乡村旅游开发与精准扶贫协同发展的评价指标体系的构建

乡村旅游开发与精准扶贫的协同发展是一个包含多方要素的综合概念。当作为评价对象时,其需要从多维度、多层次进行剖析。首先要明确评价指标体系的目标层,即科学评判某一地区的乡村旅游发展与精准扶贫的协同现状。其次,要筛选出具有考察意义的评价指标,即这些指标能否反映乡村旅游开发和精准扶贫的相互作用或协同发展的交互状态。为此,根据乡村旅游开发与精准扶贫评价指标体系构建的基本原则,结合文献梳理和课题组成员于2017年7月—9月在9个案例地的实地调研,就重庆武陵山片区精准扶贫

第5章 重庆武陵山片区乡村旅游开发与精准扶贫协同发展的实证研究

政策实施过程、乡村旅游开发现状、贫困人口对乡村旅游开发与精准扶贫的感知及满意度等问题，与当地村民、基层管理人员进行了深度访谈，基于当地村民感知的视角，从经济协同、社会文化协同、环境协同和村民满意度四个方面，构建了重庆武陵山片区乡村旅游开发与精准扶贫协同发展的评价指标体系，并设置了21个操作层指标（见表5-3）。

表5-3 重庆武陵山片区乡村旅游开发与精准扶贫协同发展的评价指标体系构建

经济协同	促进了本地经济的发展
	促进了本地产业结构的调整
	增加了村民的就业机会
	增加了家庭年收入
	完善了本地基础设施
	增加了村民的生活成本
社会文化协同	造成了村民贫富悬殊
	降低了村民人际关系的和谐度
	促进了本地传统文化的保护
	促进了村民思想观念进步
	促进了村民素质能力提升
	提高了人地矛盾的冲突程度
	改变了传统生活方式
	增加了赌博和非法娱乐活动
环境协同	增强了村民的环保意识
	完善了垃圾存放及污水处理设施
	提高了本地的治安水平
	导致了本地交通拥挤
	破坏了本地的生态环境
	干扰了村民的正常生活
村民满意度	乡村旅游开发有利于村民脱贫致富

5.2.4 指标的选取与说明

1. 经济协同

旅游扶贫本质上是一种产业扶贫。因此，经济发展类指标，紧密围绕乡村旅游开发与当地特色产业发展的相互促进，共设置了6个评价指标，主要从产业投入和产业产出两个方面分别考察经济协同状态。其中，产业投入包括基础设施完善程度、本地产业结构的调整等指标，产业产出主要包括本地经济的发展、家庭年收入增加、村民就业机会增加、村民生活成本增加等指标。

具体而言，基础设施的建设可改善当地的交通可进入性和完善旅游相关设施的建设，促进当地旅游业的发展。本地产业结构的调整也可以使当地把三大产业的资源和要素进行合理分配，加强对第三产业发展的资金扶持和政策引导，两者的综合状况能有效反映旅游开发与精准扶贫的相互促进作用，进而带动当地经济的复兴与发展。因此，基础设施建设、本地产业结构的调整两个指标从产业投入的角度反映了旅游开发与精准扶贫的协同状态；家庭年收入包括从事旅游经营接待、农业生产、特色商品销售、就近打工的总收入，反映了当地旅游发展为村民家庭带来的综合经济收益，同时家庭年收入也能从侧面反映旅游对当地经济发展的带动作用❶。此外，家庭旅游年收入、村民就业机会的增加充分反映了当地村民从事乡村旅游经营的受益情况❷，受益程度越大，精准脱贫的内动力就越强、自发程度就越高。不可否认，大量旅游者进入旅游目的地，和村民共享生产生活资料，可能导致当地村民生活成本增加的现象也客观存在。因此，家庭年收入增加、村民就业机会增加、

---

❶ 唐克敏, 袁本华. 乡村旅游与新农村建设协同发展指标体系初探 [J]. 安徽农业科学, 2008, 36（6）：2439-2440.

❷ 郭舒. 基于产业链视角的旅游扶贫效应研究方法 [J]. 旅游学刊, 2015, 30（11）：31-39.

第5章　重庆武陵山片区乡村旅游开发与精准扶贫协同发展的实证研究

乡村旅游可能带来的村民生活成本增加等指标从产业产出的角度反映了乡村旅游开发与精准扶贫的协同状态。

2. 社会文化协同

社会文化协同指标着重考察乡村旅游开发对当地社会文化的双重影响，共设置了8个评价指标。从乡村旅游开发对当地社会文化的负面影响方面来衡量，主要有人地矛盾、降低人际和谐、贫富悬殊、改变传统生活方式、违法犯罪等指标。从乡村旅游开发对当地的积极社会文化影响方面来衡量，主要有提升村民素质能力、传统文化保护、思想观念进步等指标。

近年来，由于贫富悬殊和乡村旅游开发导致的人地矛盾冲突不断升级，影响了村民之间的人际和谐、村民传统的生活方式和旅游目的地的治安状况❶。一方面，村民贫富差距、人地矛盾冲突、人际和谐等五大指标能够有效反映乡村旅游发展对旅游目的地的社会文化影响存在的负面效应。另一方面，村民素质能力的提升、思想观念的进步、传统文化保护意识的提升，是保障精准脱贫成果得以巩固的有效方式，也是乡村旅游得以可持续发展的关键，从侧面印证了乡村旅游开发在推动社会文明建设方面的协同程度❷。

3. 环境协同

环境协同主要从旅游发展对环境的积极影响和负面影响两个维度考察乡村旅游开发与精准扶贫发展的协同情况，共计6个评价指标。从乡村旅游发展对环境的积极影响方面来衡量，主要有垃圾存放及污水处理设施、村民

---

❶ 田翠翠，刘黎黎，田世政. 重庆高山纳凉村旅游精准扶贫效应评价指数模型 [J]. 资源开发与市场，2016，32（12）：1436–1440.

❷ 王纯阳，屈海林. 村落遗产地社区居民旅游发展态度的影响因素 [J]. 地理学报，2014，69（02）：278–288.

环保意识、治安水平等指标❶。从乡村旅游发展对环境的负面影响方面来衡量，有本地交通拥挤、破坏本地生态环境、干扰村民正常生活等指标❷。

2015年11月29日，中共中央、国务院联合发布的《中共中央 国务院关于打赢脱贫攻坚战的决定》首次将旅游开发与精准扶贫的保护写入文件中，坚持"扶贫开发与经济社会发展相互促进、与环境保护的有效协同"，特别强调对当地人居环境的整治。因此本章选取垃圾存放及污水处理设施、村民环保意识、村落治安水平三大指标，既体现了社区环境整治中居民的主要诉求点，又反映了乡村旅游开发与精准扶贫的协同发展程度。另外，良好的人文生态环境也是旅游资源，更是吸引旅游者前往的重要因素。资源依托型的旅游目的地开发，离不开和谐的人文生态环境的营造❸。

但是过度的乡村旅游开发可能给旅游目的地带来当地交通拥挤、当地生态环境被破坏、干扰村民正常生活等一系列环境问题❹，故应加强贫困地区的生态文明建设，与其他产业联动开发，大力发展全域旅游，在引流、分流中降低旅游开发对环境的负面效应。

5.3 案例地选择的缘由

5.3.1 案例地的普适性

一是区位特征。武陵山集中连片特困区，简称武陵山片区，是2011年中共中央、国务院发布的《中国农村扶贫开发纲要（2011—2020年）》中提

---

❶ 周欣雨. 美丽乡村建设与山地乡村聚落旅游协同发展研究——以重庆凤来乡为例[D]. 重庆：重庆师范大学，2016.

❷ 高伟. 广西旧县村保护与复兴策略研究[D]. 广州：华南理工大学，2009.

❸ 周阳月. 文化生态学视阈下传统村落复兴动力与路径研究[A]. 2016中国城市规划年会[C]. 2016.

❹ 陈乾. 陕西袁家村居民旅游影响感知研究[D]. 西安：长安大学，2015.

第5章 重庆武陵山片区乡村旅游开发与精准扶贫协同发展的实证研究

到的重点开发的 14 个集中连片特困区之一，包含湖南、湖北、重庆、贵州 4 大省（市），共 71 个县、市、区❶。其中，包含 42 个国家扶贫开发工作重点县，13 个省级重点县。武陵山片区总面积 17.18 万平方千米，总人口 3800 万人左右，少数民族人口共有 2280 万人左右，约占总人口的 60%。2016 年，片区农民人均纯收入为 6120 元，仅相当于全国人均平均水平的 61.1%；中国大陆人均生产总值为 4.6652 万元，片区人均地区生产总值约为 2.3870 万元，远低于国内平均水平❷。

重庆武陵山片区位于武陵山区腹部，自然条件恶劣，生产方式落后，交通极为不便，严峻的地理环境严重制约着重庆武陵山片区经济的发展。根据 2014 年国务院发布的老少边穷地区名单，重庆武陵山片区 6 个区县尽数上榜。作为重庆市唯一集中连片的土家族、苗族聚居地，这里保持了较为原始的少数民族风情和生态环境，同时也因为受到地理位置偏僻、人口结构老龄化等因素制约而成为我国的深度贫困地区。近年来，重庆武陵山片区大力发展旅游业，酉阳桃花源、武隆天坑地缝等旅游目的地深受旅游者青睐，当地旅游业的发展极大地带动了当地经济的发展，是旅游扶贫的典型案例地。

二是旅游资源特征。重庆武陵山片区旅游资源类型丰富，涵盖了《中国旅游资源普查规范》的六大类型，拥有基本类型 52 个，且旅游资源单体数量巨大，旅游资源地域分布广，41 个乡镇均有数量不同的旅游资源点❸。根据 2016 年 12 月重庆市发布的《重庆市旅游发展总体规划（2016—2030 年）》（以下简称《总规》），将重点打造从重庆到武陵源地区的"最美中国"生态风景道。"渝东南世外桃源民族风情之旅"作为重庆市主推的 4 条精品主题

---

❶ 刘雨婧，唐健雄，麻学锋. 连片特困区旅游城镇化时空格局演化及模式研究——以湖南境内武陵山片区为例 [J]. 经济地理，2019，39（10）：214-222，230.

❷ 王志章，李丹丹. 武陵山片区旅游扶贫效果分析 [J]. 中国农业资源与区划，2019，40（08）：122-132.

❸ 汤建容，何悦. 渝东南民族地区旅游资源档案整理与研究 [J]. 兰台世界，2013，(26)：84-85.

旅游线路之一，依托各大道路网的铺设，进一步挖掘了土家族、苗族文化内涵，推动了重庆渝东南武陵山生态旅游一体化发展。《总规》提出了打造"一带、六组团"发展布局，打造"武陵仙居·世外桃源"品牌的构想。重庆武陵山片区旅游资源级别名录如表5-4所示。

作为重庆五大功能分区之一，重庆武陵山片区因其独特的少数民族文化和山水风光，在重庆市旅游发展过程中占据着不可替代的重要地位，探究重庆武陵山片区乡村旅游开发和精准扶贫的协同发展，"推动中华优秀传统文化创造性转化、创新性发展"（习近平，2018），既能优化产业结构、转换增长动力，也是提振中华民族文化自信的现实路径。

表5-4 重庆武陵山片区旅游资源级别名录

级别	旅游资源名称	个数
五级	乌江画廊景区；黔江濯水古镇、蒲花暗河景区；武隆喀斯特旅游区（天生三桥·仙女山·芙蓉洞）；石柱黄水旅游景区；酉阳桃花源景区；彭水阿依河风景区	7
四级	黔江小南海、芭拉胡景区；武隆白马山自然保护区、芙蓉江景区、龙水峡地缝、仙女峡漂流；石柱大风堡景区、千野草场、七曜山自然保护区、西沱古镇；秀山洪安边城景区、花灯寨；酉阳龚滩古镇、龙潭古镇、乌江源百里画廊风景名胜区、大板营自然保护区；彭水摩围山景区、蚩尤九黎城	18
三级	石柱毕兹卡绿宫景区、黄水药用植物园；秀山大溪酉水风景区、后溪古镇、凤凰山花灯民俗旅游；酉阳南腰界革命根据地、酉水河景区、阿蓬江大峡谷	8

资料来源：《重庆市旅游发展总体规划（2016—2030年）》

5.3.2 案例地的典型性

一是武陵山片区打造的"扶贫样板"。在我国经济快速发展的同时，国家对贫困地区给予了更多的关注，资金、政策、产业布局均向贫困地区倾斜，旅游业以其独有的产业优势在贫困地区产业发展中占据重要地位❶。作为武陵山区的一大组成部分，解决贫困人口生活生计问题，促进片区经济发展，建设渝东南旅游扶贫示范区，从根本上改变贫困面貌是重庆武陵山片区乡村旅游扶贫的重要标志。

以重庆市武隆区为例，该区2019年入选首批国家全域旅游示范区名单，为重庆武陵山片区打造了一个极具特色的"扶贫样板"。武隆区依托良好的生态资源，因地制宜发展旅游业，旅游业从无到有、由小到大，先后成功申报了世界自然遗产、国家5A级景区、国家级旅游度假区、国家重点风景名胜景区，建立了全国"绿水青山就是金山银山"实践创新基地。

二是旅游资源地与贫困人口集聚地的紧耦合。要使乡村旅游开发与精准扶贫形成紧密的协同，必须坚持贫困人口受益原则。重点对准贫困人口进行旅游精准识别、帮扶和管理。旅游资源地与贫困人口聚集地的紧耦合，决定了旅游产业的扶贫效能。因为在过往的实践中，仅强调贫困地区的经济增长，往往容易出现"旅游飞地"和旅游漏损现象，使得贫困人口由于参与能力低下和土地丧失等变得更加贫困❷。

重庆武陵山片区作为土家族、苗族等少数民族聚居地，在长期的历史发展进程中，各民族不断融合发展，创造了绚丽多彩的民族文化旅游资源。其淳朴的民风民俗对旅游者极具吸引力。区域内贫困人口相对集中于环境保护良好、旅游资源比较丰富的地区，在空间分布上具有高度重叠性，形成紧耦合，因此在乡村旅游开发与精准扶贫的协同基础上具有典型性。

---

❶ 王凯，王梦晗，甘畅，等. 武陵山片区旅游扶贫效率网络结构演化及其驱动机制[J]. 山地学报，2019，37（4）：589−601.

❷ 王孔敬. 武陵山片区实施PPT旅游发展战略研究[J]. 贵州民族研究，2015，36（06）：144−147.

5.4 数据来源及处理

本章使用的数据主要来源于重庆武陵山片区各区县[1]2018年的《统计年鉴》《统计公报》和政府工作报告等文献资料公布的统计数据（见表5-5、表5-6）以及2017年7—9月通过实地调查获取的一手数据。

表5-5 重庆武陵山片区旅游系统综合评价的统计数据

指标		地区					
		酉阳	黔江	秀山	彭水	武隆	石柱
旅游综合评价体系	A级景区数量	9	6	4	3	2	2
	非物质文化遗产数量	20	28	21	33	23	22
	中国传统村落数量	31	5	22	7	5	8
	等级公路里程/千米	3480	2894	3257	4450	3737	4664
	通行覆盖面积/万户	52.41	56	48.2	50.25	39.7	42.4
	旅游从业人数/万人	0.62	8.12	1.8	1.38	2.47	7.13
	旅游年收入/亿元	66.32	62.9	47.4	91.77	150	50.16
	年接待游客量/万人	1461.39	1458.8	1002.3	2095	3229.27	822
	旅游占比	0.42	0.24	0.29	0.65	0.83	0.31

---

[1] 重庆武陵山片区包括武隆区、黔江区、丰都县、酉阳土家族苗族自治县、石柱土家族自治县、彭水苗族土家族自治县和秀山土家族苗族自治县7个区（县），除丰都县位于重庆渝东北，其余6个区（县）均位于渝东南。6个区县的经济发展水平明显低于丰都县，为了更客观地反映重庆武陵山片区旅游开发与精准扶贫的现状，因此在统计中不把丰都县纳入分析中。

表 5-6 重庆武陵山片区精准扶贫系统的统计数据

指标		地 区					
		酉阳	黔江	秀山	彭水	武隆	石柱
精准扶贫系统评价体系	2018年新识别贫困户数	707	658	817	554	470	66
	社会保障与就业覆盖率	11.15%	9.90%	8.71%	11.26%	9.89%	8.41%
	教育覆盖率	19.59%	18.22%	17.75%	20.44%	17.04%	14.26%
	医疗卫生扶贫覆盖率	8.39%	19.10%	7.53%	11.10%	8.91%	7.59%
	贫困发生率	3.08%	0.88%	2.50%	1.40%	0.78%	1.64%
	人均可支配收入增长率	10.70%	10.30%	11.10%	10.30%	10.30%	10.70%

5.5 乡村旅游开发与精准扶贫协同发展水平分析

整理重庆武陵山片区两区四县 2018 年旅游发展与精准扶贫的相关统计资料，汇总得到旅游系统综合评价表和精准扶贫系统综合评价，如表 5-5、表 5-6 所示。

运用熵值法确定旅游系统和精准扶贫系统各项指标权重，利用综合发展水平函数来衡量两大系统的发展水平。

为了消除不同指标量纲的影响，对原始数据进行了标准化处理：

$P_{ij} = X_{ij} / \sum_{i=1}^{6} X_{ij}$，其中 X_{ij} 为第 i 个县（区）第 j 项指标值。

计算第 j 项指标的信息熵 e_j，

$e_j = -k \times \sum_{i=1}^{6} P_{ij} \times \ln P_{ij}$，$k = 1/\ln 6$

进一步确定各项指标的权重 w_j，所得结果如表 5-7 所示。

$g_j = 1 - e_j$

$w_j = g_j / \sum_{i=1}^{6} g_j$，其中 g_j 为信息冗余度。

表 5-7 重庆武陵山片区乡村旅游发展与精准扶贫标准化指标值 P_{ij} 及权重

指标		地 区						
		酉阳	黔江	秀山	彭水	武隆	石柱	权重
旅游综合评价系统	A 级景区数量	0.346	0.231	0.154	0.115	0.077	0.077	0.143
	非物质文化遗产数量	0.136	0.190	0.143	0.224	0.156	0.150	0.015
	中国传统村落数量	0.397	0.064	0.282	0.090	0.064	0.103	0.246
	等级公路里程/千米	0.155	0.129	0.145	0.198	0.166	0.207	0.013
	通行覆盖面积/万户	0.181	0.194	0.167	0.174	0.137	0.147	0.006
	从业人数	0.029	0.377	0.084	0.064	0.115	0.331	0.299
	旅游年收入/亿元	0.142	0.134	0.101	0.196	0.320	0.107	0.084
	年接待游客量/万人	0.145	0.145	0.100	0.208	0.321	0.082	0.098
	旅游占 GDP 比重	0.153	0.088	0.106	0.237	0.303	0.113	0.096
精准扶贫综合评价系统	2018 年新识别贫困户数	0.216	0.201	0.250	0.169	0.144	0.020	0.407
	社会保障与就业覆盖率	0.188	0.167	0.147	0.190	0.167	0.142	0.018
	教育覆盖率	0.183	0.170	0.165	0.190	0.159	0.133	0.019
	医疗卫生扶贫覆盖率	0.134	0.305	0.120	0.177	0.142	0.121	0.200
	贫困发生率	0.300	0.086	0.243	0.136	0.076	0.160	0.355
	人均可支配收入增长率	0.169	0.162	0.175	0.162	0.162	0.169	0.001

第5章 重庆武陵山片区乡村旅游开发与精准扶贫协同发展的实证研究

根据旅游系统和扶贫系统的发展水平，利用综合分析法得出各区县两大系统综合发展水平。先计算出各个区县旅游和扶贫两大系统的各自发展水平 u_i，再利用几何平均法得出重庆武陵山片区旅游系统 U_1 与精准扶贫系统发展水平 U_2 的综合发展水平。

$u_i = w_j \times P_{ij}$，$i=1,2,3,4,5,6$。i 分别表示酉阳、黔江、彭水、秀山、石柱、武隆六区（县）。

$$U_{1,2} = \sqrt[6]{\prod_1^6 u_i}$$

其中，U_1 表示重庆武陵山片区旅游系统综合发展水平，U_2 表示重庆武陵山片区精准扶贫系统综合发展水平，结果如表5-8所示。

表5-8 各区县乡村旅游与精准扶贫系统综合发展水平分析表

地区	酉阳	黔江	秀山	彭水	石柱	武隆	重庆武陵山片区综合发展水平
旅游系统综合发展水平 u_1	0.202	0.201	0.150	0.124	0.154	0.169	0.164
精准扶贫系统综合水平 u_2	0.228	0.180	0.218	0.160	0.120	0.094	0.159

对照韩剑磊[1]等对云南省旅游流研究的结论，本书将重庆武陵山片区旅游发展分为四个阶段：当旅游综合发展水平 $u_1<0.2$ 时，旅游发展水平落后；当 $0.2<u_1\leq0.4$ 时，旅游发展水平一般；当 $0.4<u_1\leq0.8$ 时，旅游发展水平较发达；当 $0.8<u_1\leq1$ 时，旅游发展水平发达。

通过分析表5-8不难发现，酉阳县和黔江区旅游发展水平均超过0.2，

---

[1] 韩剑磊，明庆忠. 旅游流与区域经济协同发展时空分异研究——来自云南省的案例[J]. 四川旅游学院学报，2019（1）：58-65.

旅游发展跨入一般阶段，而其他四区（县）旅游发展皆处于落后阶段。酉阳和黔江比邻，位于渝东南最南边，拥有酉阳桃花源、黔江濯水古镇两大 5A 级景区，A 级景区数量占渝东南整体一半以上，旅游资源种类多、品级高是酉阳和黔江的区域旅游发展领先于其他四区（县）的重要原因。而武隆区作为仅次于酉阳和黔江的旅游目的地，拥有 5A 级景区武隆喀斯特旅游区，并凭借强大的营销手段使得近几年武隆旅游业蒸蒸日上。2013 年，"印象武隆"大型实景剧正式开演，成为武隆旅游收入新增长点，《变形金刚4》《爸爸去哪儿》、仙女山国际风筝节等一系列影视旅游资源、节庆营销活动使得武隆保持了高度的话题热度和旅游吸引力。彭水县作为六区（县）中旅游发展最弱的县，旅游综合发展水平仅为 0.124，彭水虽有乌江画廊和阿依河一个 4A 级景区和一个 5A 级景区，但旅游精品项目少、同质化严重❶，县域总体经济发展水平低下，旅游业起步相对较晚，基础设施尤其是交通设施跟不上旅游需求的增长，景区宣传力度不够使得彭水旅游业未得到很好的发展。

关于精准扶贫各区县发展现状，人口基数会影响区县间精准扶贫水平的对比效果，地区间差距明显，酉阳和秀山两县精准扶贫发展水平高于其他四区（县），武隆区精准扶贫发展最弱，这可能与武隆 2018 年贫困人口数量相对较少的现实有关。重庆武陵山片区实施精准扶贫有更广阔的发展空间，各区（县）也在加大脱贫攻坚力度。以石柱县为例，"政府+贫困户""企业+农户""企业+合作社"一系列扶贫模式使贫困户得到了最直接的扶贫支持，政府直接将扶贫对象锁定为当地贫困户，为其提供一对一的培训、技术、信息等服务。2017 年，石柱县对从事乡村旅游经营的贫困户给予每户 2 万元的经费扶持，"造血式"扶贫方式使得贫困户具备了从事生产经营的基本能力和素养，避免了"大水漫灌"式扶贫，实现了"脱真贫"目标。

总体来说，重庆武陵山片区各区（县）乡村旅游开发与精准扶贫协同发

---

❶ 何悦. 渝东南旅游业的可持续发展——以彭水县为例[J]. 重庆工商大学学报（自然科学版），2015，32（6）：98–102.

展水平均较低，黔江区、石柱县和武隆区的乡村旅游发展水平相对领先于精准扶贫水平，酉阳县、秀山县和彭水县乡村旅游发展相对于精准扶贫水平略微滞后。重庆武陵山片区总体精准扶贫发展水平滞后于乡村旅游发展水平，有进一步发展的空间。

5.6　乡村旅游开发与精准扶贫协同度分析

协同度是衡量不同系统间联系紧密程度的关系量。协同度越大，系统间联系越紧密。在已知重庆武陵山片区旅游系统发展水平和精准扶贫系统发展水平的基础上，进一步分析两系统间的协同度。借鉴其他学者❶已有研究，建立协同度计算关系式。

$$C=\frac{\sqrt{U_1 \cdot U_2}}{U_1+U_2}$$

其中，C 为协同度，取值为[0，1]，参照学界已有研究成果，当 $C \leqslant 0.3$ 时，系统间处于拮抗阶段；当 $0.3<C \leqslant 0.5$ 时，系统间低度协同；当 $0.5<C \leqslant 0.8$ 时，系统间中度协同；当 $0.8<C<1$ 时，系统间高度协同；当 $C=1$ 时，系统间完全协同。

由于协同度只能反映两系统间关联程度大小，并不能反映各系统本身的发展水平，因而引入耦合协调度来衡量旅游系统和精准扶贫系统对二者协同度的贡献率，耦合协调度越大，表明协同效果越好。

$$D=\sqrt{C \cdot T}$$
$$T=\alpha U_1 + \beta U_2, \quad \alpha + \beta = 1$$

其中 D 为耦合协调度，参照相关研究标准❷，耦合协调度 D 的取值范围

---

❶ 康爽，杨霞，鄢继尧，等. 四川省南充市旅游业发展与新型城镇化耦合关系研究[J]. 科技和产业，2019，19（8）：1-7.

❷ 胡静，贾垚焱，李亚娟，等. 西南民族旅游地自助游发展水平与交通可达性的耦合研究——以黔东南州为例[J]. 华中师范大学学报（自然科学版），2019，53（1）：154-164.

为[0，1]，当 $0<D\leq0.2$ 时，系统间严重失调；当 $0.2<D\leq0.3$ 时，系统中度失调；当 $0.3<D\leq0.4$ 时，系统轻度失调；当 $0.4<D\leq0.5$ 时，系统濒临失调；当 $0.5<D\leq0.6$ 时，系统勉强协调；当 $0.6<D\leq0.7$ 时，系统初级协调；当 $0.7<D\leq0.8$ 时，系统中级协调；当 $0.8<D\leq0.9$ 时，系统良好协调；当 $0.9<D\leq1$ 时，系统优质协调。T 为旅游系统与精准扶贫系统的综合评价指数，α，β 为待定系数，笔者认为旅游系统与精准扶贫系统对协同度具有同等重要作用，因此 α，β 均赋值为 0.5。

利用 Excel 2016 进行数据运算，最终各项计算结果如表 5-9 所示。

表 5-9 旅游系统与精准扶贫系统协同度检验结果表

U_1	U_2	C	D	协同度结果	耦合协调度结果
0.164	0.159	0.500	0.284	低度协同	中度失调

对比表 5-9 可以发现，两大系统发展水平均较低，但协同度 C 为 0.5，属于低度协同但接近中度协同状态，说明乡村旅游发展与精准扶贫发展存在协同关系。旅游产生的经济效应作用于精准扶贫，提高了贫困人口的家庭收入，旅游业创造的生产岗位解决了贫困人口的就业问题；精准扶贫为旅游业发展提供了政策保障和财政扶持，乡村旅游开发与精准扶贫便呈现出相互促进的协同局面。

旅游发展与精准扶贫的耦合协调度 D 仅为 0.284，属于中度失调状态。说明现阶段旅游业虽然能促进地方经济增长，与精准扶贫具有一定的协同关系，但乡村旅游与精准扶贫未达到协调发展，在乡村旅游开发与扶贫发展水平均较低的局面下，精准扶贫发展仍相对滞后。这说明现阶段重庆武陵山片区旅游业仍不成熟，旅游专业人才匮乏，地理因素严重制约着旅游产业的发展，使旅游产业潜能尚未完全得到释放。

5.7 乡村旅游开发与精准扶贫协同发展的影响因素

学术界对旅游扶贫效益的研究基本围绕经济效益、社会文化效益和环境效益三方面来展开，因此，本书也主要选取经济、社会文化和环境作为关联因素对旅游开发与精准扶贫的协同效应进行分析。

调研于 2017 年 7—9 月进行，共计发放 500 份问卷，回收有效问卷 462 份，有效率达 92.4%。问卷采用随机抽样调查，考虑到调查对象不同的文化程度和理解能力，在其完成问卷的同时也尽可能与之进行一对一的访谈，根据交谈所得的信息对其问卷答案做一定的修正和补充，并由此获得更多的额外信息，因此可信度较高。把回收的问卷录入 SPSS 软件，并进行信度、效度检验。

5.7.1 信度检验

对旅游扶贫效应和居民参与意愿部分量表进行信度检验，主要运用克隆巴赫（Cronbach）系数（简称 α 系数）对结果进行检验。当 α 系数取值大于 0.6 时，量表结构合理可靠。本次数据检验结果中，α 系数为 0.708（见表 5-10），信度较高，表明问卷设计合理可行，适合做进一步分析。

表 5-10 信度检验结果

克隆巴赫系数（α 系数）	项数
0.708	21

5.7.2 效度检验

效度是指测量的结果能够有效代表事物真实水平的程度。信度与效度存在一定的关联性，效度必须建立在信度的基础上，但是没有效度的测量，即使信度再高也没有意义❶。常见的效度分析方法为 KMO 和巴特利特（Bartlett）球形检验。对旅游扶贫效应指标进行效度检验，结果如表 5-11 所示。量表整体 KMO 值为 0.863，巴特利特球形检验近似卡方为 1830.833，显著性概念为 0（小于 0.05），拒绝零假设，表明所检验变量间存在相关关系，可进一步做因子分析。

表 5-11　KMO 和巴特利特球形检验结果

KMO 和巴特利特球形检验		
KMO 取样适切性量数		0.863
巴特利特球形检验	近似卡方	1830.833
	自由度	171
	显著性	0.000

5.7.3　因子分析

因子分析是变量简化的数据处理、分析方法，是将有内在关系的变量提取为一个"因子"，这些内在关系通常为线性相关，通过因子载荷来表示变量与因子之间的相关性，因子载荷越大，相关性越强。利用 SPSS 软件进行因子分析，主要运用降维思想提取特征值大于 1 的主变量，利用最大方差法进行旋转，得到旋转后的成分矩阵如表 5-12 所示。

根据旋转后的结果，提取 5 个主成分因子，分别命名为 X_1 正面社会、环境效应因子，X_2 正面经济效应因子，X_3 负面社会、环境效应因子，X_4 负面社会效应因子，X_5 负面经济效应因子，5 个主成分因子可以解释样本 64.98%的信息，效度较好。

---

❶ 谢彦君. 旅游研究方法［M］. 北京：中国旅游出版社，2018.

第5章　重庆武陵山片区乡村旅游开发与精准扶贫协同发展的实证研究

表 5-12　旋转后的成分矩阵

因子	题项	成分 1	成分 2	成分 3	成分 4	成分 5
X_1 正面社会、环境效应	促进了本地居民的思想观念进步	0.737				
	提高了当地治安管理水平	0.722				
	完善了垃圾与污水处理	0.707				
	提高了当地居民的环保意识	0.680				
	促进了传统文化保护	0.660				
	促进了自身素质和能力的提高	0.590				
X_2 正面经济效应	增加了本地居民的就业机会		0.814			
	增加了家庭年收入		0.800			
	提升了本地经济发展水平		0.777			
	完善了本地的基础设施		0.554			
X_3 负面社会、环境效应	导致本地交通拥挤			0.756		
	干扰了本地居民的正常生活			0.667		
	改变了传统生活方式			0.575		
	破坏了当地生态环境			0.571		
	犯罪率升高			0.548		
X_4 负面社会效应	加剧了人地矛盾				0.797	
	降低了人际关系和谐程度				0.740	
X_5 负面经济效应	导致生活成本上涨					0.836
	拉大了居民间贫富差距					0.750

5.7.4 回归分析

通过因子分析可知上述 5 个主成分因子会对乡村旅游开发与精准扶贫之间的协同关系产生影响，故进一步通过回归分析来确认各因子对协同影响的权重大小。将居民对扶贫成效的满意度作为因变量 Y，X_1、X_2 等 5 个因子作为自变量进行多元回归分析，其结果如表 5-13 所示。

表 5-13　回归分析系数表

模型	未标准化系数		标准化系数	t	显著性	共线性统计	
	B	标准误差	Beta			容差	VIF
（常量）	3.685	0.057		65.117	0.000		
X_1	0.251	0.057	0.262	4.427	0.000	1.000	1.000
X_2	0.239	0.057	0.249	4.207	0.000	1.000	1.000
X_3	−0.173	0.057	−0.180	−3.044	0.003	1.000	1.000
X_4	−0.050	0.057	−0.052	−.878	0.381	1.000	1.000
X_5	−0.095	0.057	−0.099	−1.676	0.095	1.000	1.000

a. 因变量 Y：居民对本地旅游扶贫工作满意度

由表 5-13 可知，自变量间方差膨胀系数（VIF）小于 5，故 5 个因子不存在多重共线性。对于因子 X_4、X_5，其显著性水平大于 0.05，未通过显著性检验，即 X_4 负面社会效应和 X_5 负面经济效应两个因子不能对扶贫效应满意度产生显著影响；而 X_1、X_2、X_3 显著性水平均小于 0.05，通过了显著性检验，拒绝原假设，即正面的社会、环境、经济效益因子及负面的社会、环境效应因子对旅游扶贫满意度产生了显著影响，因此可以构建回归方程：

$$Y = 0.26X_1 + 0.25X_2 - 0.18X_3 + 3.69$$

5.7.5 协同因素分析

根据回归方程模型，自变量 X_1、X_2 前系数为正，且 X_1 的系数大于 X_2 的系数，表明 X_1 正面社会、环境效应因子和 X_2 正面经济效应因子对乡村旅游开发与精准扶贫的协同发展起着促进作用，且正面社会、环境效应因子产生的总效应大于正面经济效应因子所产生的效应，因此在旅游开发过程中应优先保护环境，不能一味地追求经济利益而以破坏环境为代价。

X_3 的系数为负数，表明 X_3 负面社会、环境效应因子会严重抑制旅游开发与精准扶贫的协同发展，降低旅游扶贫满意度，因此在乡村旅游开发过程中要充分考虑环境承载力，坚持适度、合理的开发原则；在发展民俗旅游过程中，尤其强调保护传统文化的原真性，避免为取悦游客而一味走向商业化、世俗化、娱乐化。

5.8　访谈结果分析

通过查询重庆武陵山片区《乡村旅游扶贫重点村名录》，笔者选取具有代表性的贫困村寨，在 2017 年 7—9 月前往 6 个区（县）进行了三个月的实地调研。

笔者分别前往彭水县阿依河，黔江区十三寨、秀山楠木村、石柱山娇村，酉阳县河湾山寨、下拉寨，武隆区木根村、清水村、白果村等村寨，在调研过程中与当地居民进行深度访谈，本书将黔江区新建村土家十三寨景区作为典型个案，来分析当地居民对旅游开发与精准扶贫协同发展的感知态度。

5.8.1 案例区概况❶

土家十三寨景区为国家 4A 级景区，位于重庆市黔江区小南海镇新建村，海拔 720～1200 米，东邻小南海国家地质公园，南靠八面山自然风景区，西接武陵仙山，北连鸡公山，处于黔江国家森林公园的群山环抱之中，距黔江主城区约 30 千米，景区面积 6.5 平方千米，由 13 个较为典型的土家族、苗族自然村寨和传统民居院落构成。因这里历史上拥有独特的母系文化且历代女杰辈出，又被称为"女儿谷"。

新建村共有 6 个村民小组，642 户，1790 人。少数民族人口占总人口的 91%，其中土家族人口占少数民族人口的 82%。现在的居民主要来自湖北、江西、广州等地，在"湖广填四川"时来到此处，与当地的土家族、苗族先民相互融合，出现了多民族聚居的独特现状。该村是整村脱贫村，已于 2015 年实现了"整村脱贫"目标。

新建村十三寨景区自然风光优美，人文旅游资源丰富。该地森林覆盖率达 80%以上，区域内空气负氧离子浓度为 1500～2000 个/立方厘米，空气质量良好。村寨内建筑以干栏式吊脚楼为主，是全国目前规模最大、保存最完整的特色建筑群。欣赏性与实用性很强的土家织锦，多用象征的手法，以红、蓝、白等有色棉线为经，各色丝、棉、毛线作纬，采用挖空工艺，手工挑织而成，是土家族民间艺术的精华。摆手舞与后坝山歌都是土家十三寨的传统活动，也是宝贵的非物质文化遗产。后坝山歌❷源于土家族的生产生活，歌词大多在劳动和生活中即兴创作，并形成了较为稳定的腔调和唱法。

---

❶ 资料来源：一是查阅黔江区门户网站公开发表的有关土家十三寨的统计数据；二是通过案例地实地访谈，并查询相关文献获取信息。

❷ 黔江区于 2001 年 11 月对乡镇行政区划进行调整，原南海乡、后坝乡合并设立小南海镇，板夹溪十三寨归并在新建村。重庆市级非物质文化遗产后坝山歌诞生于此，是以乡名来命名的，虽然后坝乡不复存在，但山歌之名一直保留至今。

新建村土家十三寨凭借浓郁的民族风情、独具特色的建筑群、优美的自然风光、凉爽清新的宜居条件，先后获得了"全国少数民族特色村寨""中国最美乡村""重庆十大避暑纳凉目的地"等荣誉称号，拥有全国首个批准的土家族民族生态博物馆——武陵山民俗生态博物馆，于 2014 年入选住房和城乡建设部公布的第三批中国传统村落名录。

5.8.2 新建村土家十三寨的乡村旅游发展历程

（1）村民自主经营模式（21 世纪初期—2014 年）：要进入新建村土家十三寨，必定经过小南海国家地质公园。小南海曾经是地震现场，后来成为黔江区最热门的旅游景点。利用成熟的小南海国家地质公园名片，土家十三寨有了自助游散客。当时村里没有建立旅游接待设施，村民也没有旅游经营意识，旅游收入有限，年轻劳动力主要选择外出打工，留守的老人和妇女在家从事旅游接待。由于地处偏远，交通不便，区域经济发展缓慢，2014 年，新建村被确定为国家级贫困村。

（2）政府主导经营模式（2015 年至今）：2015 年，黔江区出台了《重庆市黔江区小南海板夹溪十三寨民族特色村寨保护规划》。当地政府投入旅游扶贫资金 300 万元以上，整合其他资金 3000 万元以上，对十三寨部分院落、人行道、民俗歌舞表演场、厕所等进行了集中整治，旅游基础设施得以配套完善❶；同时，针对当地村民进行了旅游服务培训。2015 年，土家十三寨正式对外开放。

当地政府邀请我国著名学者于丹教授到十三寨进行考察调研，通过电视、网络和报纸宣传报道，起到了良好的名人效应。着力打造影视拍摄和媒体采风基地，吸引了全国多家摄影协会前来采风，成功拍摄了电影《太阳花儿开》、电视专题片《乡土》、38 集电视连续剧《侯天明的梦》。密集的市场

---

❶ 姚元和. 板夹溪十三寨区域性整体保护发展模式研究 [J]. 长江师范学院学报，2017，33（02）：43–48，142.

营销，提高了新建村的知名度。2015 年，小南海乡村旅游经营户达 160 余家，其中有接待能力的农家乐达 95 家。旅游接待人数达到 15 万人次，实现乡村旅游收入 2500 万元，同期增长 45%。受益贫困户达到 70%，实现贫困户户均增收 3500 元。2015 年，新建村实现了"整村脱贫"目标❶。

5.8.3 村民对乡村旅游开发与精准扶贫的感知态度

1. 村民对乡村旅游开发与精准扶贫的经济协同感知

政府对新建村十三寨的旅游发展出台了保护性规划、加大了扶贫资金投入、加强了目的地营销，让村民对乡村旅游开发与精准扶贫的经济协同感知强烈，总均值为 3.74（见表 5-14）。

表 5-14 土家十三寨村民对乡村旅游开发与精准扶贫的经济协同感知

经济协同	均值	标准差
完善了基础设施	4.65	0.616
增加了家庭年收入	3.89	1.183
促进了本地经济的发展	3.00	1.328
促进了产业结构调整	4.28	0.895
增加了就业机会	3.72	1.227
增加了居民的生活成本	2.89	0.683
总均值	3.74	

资料来源：根据问卷调查结果整理。

从"完善了基础设施"来看，均值为 4.65，说明旅游业的发展对当地基

---

❶ 来自"黔江区小南海镇新建村：发展乡村旅游促增收"内部工作总结报告（2015）.

础设施的建设、完善起到了重要作用。这与我们实地调研的情况相符。小南海景区通往十三寨的道路都铺了水泥路，路边安装了灯光照明设施和监控设施；沿途修建了休闲娱乐设施，健全了接待设施体系；通往各个寨子的路上都铺设了青石板便道，为居民和游客提供了极大的便利。

从"增加了家庭年收入"来看，均值为3.89，说明村民对乡村旅游开发对家庭年收入的增加持肯定的态度。旅游开发前，村民以农作物种植（50%）、外出打工（23.2%）为主，家庭人均年收入在3500元以下（含3500元）的占63.1%；旅游开发后，家庭人均年收入在3500元以上的村民占90.8%的绝对比例（见表5-15）。这说明旅游开发让当地村民的经济收入大幅增加，使传统生计模式发生了很大的改变。

表5-15 土家十三寨村民乡村旅游开发前后家庭人均年收入对照表

旅游开发前家庭人均年收入	频数	百分比（%）	旅游开发后家庭人均年收入	频数	百分比（%）
2300元以下	23	35.4	2300元以下	0	0
2300~3500元	18	27.7	2300~3500元	6	9.2
3501~4600元	13	20	3501~4600元	23	35.4
4601~5700元	8	12.3	4601~5700元	27	41.5
5700元以上	3	4.6	5700元以上	9	13.9
合计	65	100	合计	65	100

资料来源：根据问卷调查结果整理。

从旅游"促进了本地经济的发展"来看，居民普遍持中立态度，均值为3.00。说明旅游业的发展尽管增加了村民的家庭年收入，但所占比例偏小，对本地经济的带动作用有限。这是因为新建村土家十三寨2015年才正式对外开放，处于旅游发展的初期阶段，游客数量偏少，大多当天往返，人均消费偏低。十三寨寨主除了提供住宿，也卖土特产，他在堂屋摆了柜子专门售卖封装好的各种干货，另外一个房间挂着腊肉。当笔者问及生意情况时，他说："那些游客大多就只是进来看看，他们自己驾了车，大多当天就走了，不在这里住宿，特产也卖得不太好，没得什么收入。"所以他们家还没放弃养猪和种菜。一名在文化公园旁边摆摊卖小吃的村民大姐也谈到："来寨子的游客也不是很多，一天收入就百把块钱，就维持自己的生活而已。"针对游客数量较少，接待收入有限的情况，土家十三寨游客中心主管杨秀全介绍说："这几年我们都在大力宣传十三寨景区，之前进入小南海景区是要买门票的，现在游客可以免费游览，到了小南海一路上还有十三寨的广告牌和指路牌。此外，我们还会将芭拉胡景区、濯水景区一部分游客分流给十三寨。"

从"促进了产业结构调整"和"增加了就业机会"来看，均值分别为4.28和3.72，说明旅游业的发展在一定程度上调整了新建村的产业结构，为当地村民提供了大量的就业机会，实地调研访谈也证实了这一点。农家乐老板赵友玲说："政府对我们办农家乐会进行补贴，一个床位补贴180元，鼓励发展农家乐。除了住宿收入，当地人还可以卖山货和土特产，这比以前种田轻松多了。"一位农家乐的伙计也表示："我就是这个寨子里面的人，平时在家里照看两个小孩上学，店里忙的时候主人家就叫我们来帮忙，打打临时工，120元一天，隔屋近，我们也安心些。"目前，新建村村民的收入来源主要由以下五个方面构成：一是经营家庭旅馆、农家乐的收入；二是向游客销售手工艺品、土特产品的收入；三是因旅游开发，进行土地流转的收入（5000元/年/家）；四是从事民俗歌舞表演的收入；五是青壮年外出务工的收入。

对于旅游开发"增加了居民的生活成本"，居民普遍持中立态度，均值为2.89。说明乡村旅游开发给当地村民生产、生活带来的负面影响不太明显。这和当地旅游业的发展处于初级阶段有关，到村寨旅游的客流量有限。

第5章 重庆武陵山片区乡村旅游开发与精准扶贫协同发展的实证研究

2. 村民对乡村旅游开发与精准扶贫的社会文化协同感知

村民对乡村旅游开发与精准扶贫的社会文化协同感知总均值为3.55，说明新建村的旅游发展处于起步阶段，外来游客较少，当地居民参与旅游业的受益程度差异不大，旅游的负面影响相对较小（见表5-16）。

表5-16 土家十三寨村民对乡村旅游开发与精准扶贫的社会文化协同感知

社会文化协同	均值	标准差
导致村民贫富悬殊	2.89	0.278
提升了村民素质能力	4.72	0.461
影响了人际关系和谐	2.94	0.662
加剧了人地矛盾冲突	2.62	0.804
促进了思想观念的进步	4.94	0.236
村民生活方式保持传统	3.22	1.060
促进了传统文化的保护	4.39	0.916
增加了赌博和非法娱乐活动	2.68	0.513
总均值	3.55	

资料来源：根据问卷调查结果整理。

对于"导致村民贫富悬殊"和"影响了人际关系和谐"两项，居民普遍持中立态度，均值分别为2.89和2.94。笔者通过观察和实地访问发现，核心旅游点往往聚集了大量游客，往里面走，却人迹罕至。一位村民表示："游客一般都在景区附近的农家乐吃、住，旅游旺季特别是夏季避暑纳凉的游客很多，一住就是一个月左右，一年农家乐的收入少说也有几万，但是寨子里面的农家乐，游客嫌远了，都不会过来，比较冷清。所以有时为了争夺客源，里面的农家乐出来拉生意,就会和外面的农家乐老板产生矛盾。"也有村民谈到:"村里成立的十三寨女儿谷民俗文化团,参加的演员也主要是第 3 组、第 4 组的村民,我们其他组的人参加得少,因为离核心景区小南海有点远,他们近点的小组自然就有了组织民俗表演的优先条件。"也有豁达的村民对此有自己的看法:"发展旅游是好事,让我们的民族文化被更多的人了解,政府也投入了这么多钱整治周边环境,我们都是受益的。不能因为赚钱的事情影响了邻里关系,互相嫉妒要不得,寨子要团结才能有更好的发展,我们要看长远点。"

"提升了村民素质能力"和"促进了思想观念的进步"两个选项的均值分别为 4.72 和 4.94,说明乡村旅游开发开阔了村民的眼界,促进了思想观念的转变,在一定程度上也提升了村民的素质和能力。正如村民陈波所说:"搞旅游接待,我们啥子都不晓得,政府专门派(黔江)区旅游学校的老师教农家乐的经营和特色餐饮的烹饪,让我们开农家乐更有底气了。" 也有村民自豪地提及:"前几年政府组织我们去贵州、成都考察,还参加市扶贫办组织的乡村旅游经营培训班,听大学教授讲课,学各个地方经营农家乐的经验,我觉得还是有收获。"在文化公园旁边摆摊卖食品的大姐也告诉笔者,"这些年做点小生意,和来自不同地方的游客打交道,他们还教会了我用微信,生成了二维码,现在买东西直接扫一扫,好方便哦。"

对于"加剧了人地矛盾冲突",村民持中立态度,其均值为 2.62。在调研中,部分村民反映:"旅游开发以来,政府把地征了,没有了土地,很多人出去打工,一些老人留在老寨种地。开农家乐要自己先投入,达到 14 个床位的标准,政府才会给床位补贴。我们也没得好多钱,不想贷款搞旅游,担心亏了还不起账。"因此缺乏土地保障、不具备从事旅游经营能力的村民的可持续生计问题在新建村应引起重视。

对于"村民生活方式保持传统",村民持中立态度,其均值为 3.22。村民庞丹的话或许能代表村民的心声:"我们每个寨子都还保存着碾房、水车等原生态的生产生活工具，但毕竟人都向往美好的生活，渴望现代化的生活方式，让我们回到以前的生活，既不现实也有失公平。"

"促进了传统文化的保护"的均值为 4.39，充分说明新建村村民对本民族的传统文化有着强烈的认同感和保护意识。女儿谷民俗文化团副团长张亚自豪地告诉笔者，"我们表演队都是自发组织的，由于资金、道具十分欠缺，我们都是自己出钱买或者直接从家里面带过来，比如风车、背篓、挖锄、筛子这些。我觉得我们民族文化好呀，老祖宗留下来的东西不能在我们手里搞落了。"文化团表演的主力军、当地贫困户何福也补充道："现在政府也支持我们，一共购买了 100 场演出，每场演出 1500 元，但还没有演完。除此之外，外来游客或旅行社也可以与民俗文化团联系演出，价格也是每场 1500 元。民俗文化团每场扣除 300 元钱的演出费用，剩下的钱平均分配给各个演员。每个演员每场一般可分得 50 元钱左右。对于我们这些贫困户来说，这无疑是一笔可靠稳定的收入。我们保护传统文化的意识更强了，劲头更足了。" 民俗文化团团长李岩也提到："2014 年，文化团进行重组，在黔江区文化委、扶贫办等的指导下对部分内容进行了重新编排，新增了一些年轻演员。文化团有的设备由政府资助购买，有的设备由企事业单位支持赞助，大家都在支持我们，我们也有信心把传统文化更好地传承下去。"

对于"增加了赌博和非法娱乐活动"，村民普遍持中立态度，其均值为 2.68。这说明新建村土家十三寨的民风淳朴，人们保持着传统的生活作息规律，不受外界不良风气的影响。正如我们调研期间住宿的农家乐老板赵友玲所说："一到晚上，寨子里的人都关门闭户在家休息了，很少有人出来，也不会高声唱卡拉 OK，赌博和从事非法娱乐这些事情更是少有，这是老祖宗传下来的规矩，这么多年大家都已经习以为常了。"

3. 村民对乡村旅游开发与精准扶贫的环境协同感知

村民对乡村旅游发展所带来的环境协同感知明显，总均值为 3.34。其中，选项"增强了村民的环保意识"的均值为4.89，说明旅游发展使村民对"绿水青山就是金山银山"的理念有了深刻感悟，自觉保护村落环境，以此来吸引更多的旅游者（见表5-17）。正如我们调研期间住宿的农家乐老板赵友玲所说："环境好了，我们住着也舒服，来的游客多了，我们的生意也好了，这就是良性循环。"

表5-17 土家十三寨村民对乡村旅游开发与精准扶贫的环境协同感知

环境协同	均值	标准差
增强了村民的环保意识	4.89	0.323
提高了本地治安水平	4.28	0.895
干扰了本地居民的正常生活	1.94	0.625
完善了垃圾存放和污水处理	4.56	0.616
破坏了村落环境	1.86	0.594
导致本地交通拥挤	2.53	0.323
总均值	3.34	

资料来源：根据问卷调查结果整理。

选项"提高了本地治安水平"的均值为4.28，说明旅游发展改善了村落治安状况，村民普遍持肯定态度。村民认为："旅游开发后，沿途都安装了监控设备，每天都有巡逻队进行安全巡视，晚上的路灯也很亮，走在路上很安全。"

选项"完善了垃圾存放和污水处理"的均值为4.56，这与我们实地调研的事实相符，说明这些年，土家十三寨的相关基础配套设施的建设和完善，对村寨宜居环境的打造发挥了重要作用。这一点从村民的访谈中也得到了证实。"你看那里，以前本来是一块荒地，大家把垃圾、脏水都往那里弄，现

第5章　重庆武陵山片区乡村旅游开发与精准扶贫协同发展的实证研究

在政府改造成了文艺表演广场。政府还专门给我们装了垃圾桶、排污池，大家也就自觉不乱扔乱倒了，环境比以前好多咯，我们住在这里也舒心。"村民张克也说道："旅游开发后，社区环境越来越好，原来布局混乱的田地变成了停车场和表演场地，核心景区内都放置垃圾箱，减少对环境景观的影响。每个村寨都有垃圾收集处进行集中收集，再由垃圾车定时集中搬运到指定垃圾处理厂处理，方便运输的同时保证寨内的村寨景观，生活环境和质量与几年前相比，好太多了。"

"破坏了村落环境""干扰了本地居民的正常生活"和"导致本地交通拥挤"的均值分别为1.86、1.94和2.53，说明村民对此持不赞同和中立态度。据我们观察，来新建村土家十三寨的游客主要是团队和散客，他们参观土家族生态博物馆、进寨子欣赏民俗文化表演、四处逛逛和拍照后就离开了，留宿的游客相对较少，因而对寨子环境的负面影响不是很大。

当笔者进一步询问当地扶贫工作做得怎么样时，大家的回答不尽相同。有人认为扶贫工作做得好，土家十三寨女儿谷民俗文化团副团长何福谈道："以前屋头经济困难，还要养两个娃儿，我个人又常年患病，没得固定工作。村委会主任说我会唱山歌、吹唢呐，让我去参加文化团演出。每周六和周日就去表演，一年有六七千元的收入，平时没得表演就在景区做零工。另外政府还出资8万元帮我把吊脚楼进行了维修升级，做成休闲纳凉客栈，现在我不仅脱贫了，日子也越来越好过了"。村民也认为真正的贫困户还是得到了帮扶，"村里对于特别贫困户还是很照顾的。每月会下来拜访一次，带上米、油等。我觉得扶贫效果还是有的，大家的日子确实比以前好过多了"。但也有部分村民表示："我觉得村里贫困户的评选不太公平。他们都是关系户，有一些人情因素，有的贫困户连车都买了。"还有村民义愤填膺地说："政府给他（指某贫困户）的补贴，他转手就拿去赌博，一下子就花光了。"

实地调研也印证了上文数据分析的结果，重庆武陵山片区乡村旅游发展的水平略领先于精准扶贫发展的水平，村民对乡村旅游开发的经济正效应、传统文化保护、生态环境保护的感知明显。为了确保精准扶贫措施能真正惠及贫困人口，实现稳定脱贫的目标，应"强化监督管理和脱贫攻坚工作全过程的考核评估，确保脱贫过程扎实、脱贫结果真实，使脱贫攻坚成效经得起实践和历史的检验"❶。

5.9 本章小结

为了进一步摸清重庆武陵山片区乡村旅游开发与精准扶贫协同发展的现状，课题组深入重庆武隆区、黔江区、酉阳土家族苗族自治县、石柱土家族自治县、彭水苗族土家族自治县和秀山土家族苗族自治县6个区（县），进行了大量的实地调研，掌握了第一手资料。

（1）构建乡村旅游开发与精准扶贫协同发展的指标体系。结合文献梳理和课题组成员的实地调研，基于当地村民感知的视角，从经济协同、社会文化协同、环境协同等维度，构建了连片特困地区乡村旅游开发与精准扶贫协同发展评价指标体系准则层，并设置了21个操作层指标。

（2）运用熵值法确定旅游系统和精准扶贫系统各项指标权重，利用综合发展水平函数来衡量两大系统的发展水平。研究结果表明：重庆武陵山片区各区（县）乡村旅游开发与精准扶贫协同发展水平均较低，黔江区、石柱县和武隆区的乡村旅游发展水平相对领先于精准扶贫水平，酉阳县、秀山县和彭水县乡村旅游发展相对于精准扶贫水平略微滞后。

（3）在已知重庆武陵山片区旅游系统发展水平和精准扶贫系统发展水平的基础上，进一步分析了两系统间的协同度。研究结论表明：两大系统发展水平均较低，但协同度 C 为0.5，处于低度协同但接近中度协同状态，说明

---

❶ 李文峰. 把全面从严治党要求贯穿脱贫攻坚全过程各环节，习近平总书记这样说[EB/OL]. http://www.ccdi.gov.cn/toutiao/201809/t20180930_180859.html.

第 5 章 重庆武陵山片区乡村旅游开发与精准扶贫协同发展的实证研究

乡村旅游发展与精准扶贫发展存在协同关系。旅游发展与精准扶贫的耦合协调度 D 仅为 0.284，处于中度失调状态，说明现阶段旅游业虽然能促进地方经济增长，与精准扶贫具有一定的协同关系，但乡村旅游开发与精准扶贫未实现协同发展，在两者水平均较低的局面下，精准扶贫发展仍相对滞后。

（4）探讨重庆武陵山片区乡村旅游开发与精准扶贫协同发展的影响因素。运用 SPSS 软件进行因子分析，研究发现：重庆武陵山片区旅游开发与精准扶贫的协同发展中，正面社会效应、环境效应和正面经济效应对旅游开发与精准扶贫的协同发展起着促进作用，负面社会效应、环境效应会严重抑制旅游开发与精准扶贫的协同发展，降低旅游扶贫的满意度。

（5）进一步通过实地调研和深度访谈印证上文数据分析的结果。研究表明：重庆武陵山片区乡村旅游发展的水平略领先于精准扶贫发展的水平。村民对乡村旅游开发的经济正效应、传统文化保护、生态环境保护的感知最强烈，对政府实施精准扶贫的效益评价存在差异。

第 6 章 乡村旅游开发与精准扶贫的协同路径设计

第 5 章分别采用定量和定性研究的方法，对重庆武陵山片区乡村旅游开发与精准扶贫协同发展的现状和影响因素进行了分析，进而通过对典型案例区的补充分析发现：**重庆武陵山片区乡村旅游发展的水平略领先于精准扶贫发展的水平。村民对乡村旅游开发的经济正效应、传统文化保护、生态环境保护的感知最强烈，对政府实施精准扶贫的效益评价存在差异**。如何让当地村民从乡村旅游开发中获益，实现乡村旅游开发与精准扶贫的协同发展，既是目标愿景，也是帮助连片特困地区摆脱贫困、提高村民可持续生计的手段。本章将对二者协同的基础、协同的核心、协同的保障进行分析，基于圈层结构理论设计协同路径，以期迎来村民脱贫奔康与旅游可持续发展的美好局面。

6.1 协同的基础：贫困人口受益与发展

早在 1999 年，英国国际发展部（DFID）明确提出"有助于贫困人口的旅游"（PPT），将旅游业发展与反贫困问题直接相联系，以期在推进旅游扶贫开发中，构建让贫困人口受益和获得更多发展机会的旅游发展方式。现有研究从不同角度探索了如何有效推进 PPT 进程,以贫困人口受益与发展为研究出发点,已成为研究共识。因此,旅游开发与精准扶贫的协同基础在于如何让贫困人口受益与发展。

6.1.1 旅游扶贫开发的益贫效应

重庆武陵山片区旅游资源丰富,具备发展旅游业的基础与潜力。同时,作为西部地区和连片特困民族地区,其享有多重特殊政策优惠和照顾。旅游开发,有利于推动该片区的扶贫模式从"输血"向"造血"方向转变❶。扶贫模式的转变,提高了片区的整体益贫效应,旅游扶贫效果明显。片区内的仙女山、酉阳桃花源、黔江小南海和土家十三寨等具有地域特色的自然资源和民居建筑,结合民族特色乡村旅游资源,融合发展了民族文化旅游与生态旅游产品。旅游景区的质量和数量、旅游基础设施、游客接待人数及旅游收入等持续上升。2019 年 7 月以来,当地累计减贫 78326 人,贫困发生率降低到 0.7%❷。

6.1.2 贫困人口参与乡村旅游开发

贫困人口能否参与旅游开发,直接影响到旅游开发的扶贫效应。贫困人口参与乡村旅游开发的机会,主要由两方面决定:一是旅游开发项目的适宜性决定了参与的概率;二是贫困人口自身资源的局限性决定了参与能力的高低。

1. 旅游开发项目的适宜性决定参与的概率

旅游开发项目的适宜性主要是指项目关于贫困人口获益方式的设计和

---

❶ 王孔敬. 武陵山片区实施 PPT 旅游发展战略研究 [J]. 贵州民族研究,2015,36(06):144–147.
❷ 让各民族像石榴籽一样紧紧抱在一起——重庆市促进民族团结进步工作综述[N]. 重庆日报,2019-12-31. http://cq.people.com.cn/BIG5/n2/2019/1231/c367668-33677175.html.

项目运行的竞争力。项目在设计时，有没有考虑贫困人口获益的方式，决定了旅游开发项目的扶贫属性；项目运行的竞争力影响了贫困人口能否长期参与项目，决定了旅游开发项目扶贫效应的可持续性。

（1）旅游开发项目设计需要关注贫困人口获益的方式。

在旅游扶贫项目的开发与建设过程中，地方政府为了发展贫困地区的旅游产业，在基础设施建设、招商引资等方面开展了大量富有成效的工作。但为了在短时间内让旅游扶贫项目产生效果，或者吸引更多的外来资金或外来投资企业，地方政府往往更多关注企业方的利益诉求，从而忽略了当地社区及居民的一些公共利益和长远利益，忽略了让贫困人口从中获益的决策设计，把旅游扶贫当作普通的旅游开发项目来运作，导致贫困人口的受益机会和程度受到很大影响。根据调查，有52%的受访者认为影响自身受益的因素是缺少政府的支持和政府置换了旅游扶贫的目标❶。比较常见的设计缺陷是旅游开发项目的高端化，如体育旅游、高端民宿等，对接待人员的从业能力和素质要求较高，贫困人口从一开始就被技术性地排除在外，自然形成了"旅游飞地"。项目设计缺陷弱化了旅游开发项目的扶贫属性，降低了贫困人口参与的概率。

因此，政府要正确发挥主导作用，可以通过出台相应的政策法规和优惠政策，激励、引导各类投资主体积极参与旅游扶贫开发项目，设计多种方式使贫困人口获益，如对聘用当地贫困人口超过一定比例的企业实行税费优惠等优待政策，为旅游扶贫项目的开展营造良好的政策环境。同时，加强构建旅游扶贫项目的精准识别机制：一是符合市场准则，即符合资源条件与竞争条件；二是符合扶贫宗旨，项目不是单纯的产业项目，其根本目的是让贫困人口从项目本身和延伸链条中获益。

---

❶ 冯伟林，李诗冰. 旅游扶贫中贫困人口的受益机制构建——以重庆武陵山片区为例 [J]. 江苏农业科学, 2018, 46（22）: 333-336.

(2)需要加强项目评估,提高项目运行的竞争力。

如前所述,贫困地区虽然具备较好的自然资源等旅游开发条件,但大多旅游开发项目同质化现象严重,特别是片区内没有形成错位竞争的项目群,导致项目没有良好的市场竞争力,经济效益相对较差。从课题团队的实地调查来看,部分旅游扶贫项目经营惨淡,贫困人口很难长期参与项目且从中获益。因此,在旅游开发项目启动前,政府要协同各方做好旅游发展规划,加强项目评估,在片区内形成错位竞争的旅游开发项目群,避免产品和服务形式雷同,提高旅游开发项目扶贫效应的可持续性,保障贫困人口长期获益。

2. 贫困人口自身资源的局限性决定参与能力的高低

贫困人口自身资源的局限性,主要是指健康、文化、技能、素质等自身能力的欠缺,资本和信息等高级生产要素的缺乏。在过去的研究中,不少专家、学者已经发现贫困人口缺乏参与旅游项目开发的能力,资本与信息等资源的缺乏也成为影响旅游扶贫效果的主要障碍。贫困人口能否真正参与到旅游扶贫项目中并获益,在很大程度上取决于贫困人口自身的能力。实地调研发现,在重庆武陵山片区,贫困人口的文化程度绝大多数是初中以下,尤其是妇女和老年人中有很多文盲或半文盲。在一些偏远的山区和少数民族地区,还存在语言不通的问题,不少人不会讲普通话,与游客的口头交流存在较大障碍。同时,贫困人口缺乏资本、信息等高级生产要素,无法深度参与旅游扶贫项目,并获得较高的收益。一些有意愿从事旅游扶贫项目的贫困农户,由于缺少资金和信贷机会,也缺乏相应的旅游知识、技能和信息,大多陷入"心有余而力不足"的窘境。文化、技能水平偏低,自身能力严重不足,资本、信息等缺乏,成为参与项目的障碍,使贫困人口参与旅游扶贫项目的深度与广度受到极大的限制[1]。

---

[1] 冯伟林,李诗冰. 旅游扶贫中贫困人口的受益机制构建——以重庆武陵山片区为例 [J]. 江苏农业科学,2018,46(22):333-336.

因此，要加强构建贫困人口能力提升机制。一是加强开展贫困人口旅游从业的培训教育工作，政府应该在旅游扶贫项目中专门设立贫困人口旅游职业培训基金，专款专用，开展职业技能培训和交流活动，全面提升贫困人口的旅游从业知识、素质和技能。二是要提升贫困人口从事旅游扶贫项目的金融资本水平，包括现金支持和信贷机会两个方面。政府要为贫困人口开发旅游扶贫项目提供启动资金，创造便利条件或提供信贷机会，有效提升贫困人口开发旅游扶贫项目的金融能力。

6.1.3 贫困人口的利益表达

利益表达是贫困人口通过一定的渠道，向其他相关利益者表达自己的利益诉求，以期实现自身利益的过程，是利益分配的基础。由于贫困人口在相关利益群体中处于相对弱势的地位，因此在利益表达和维权中缺乏相应的话语权，直接导致旅游开发中他们的利益被轻视。建立有效的利益表达机制，对保障贫困人口获益具有十分重要的作用。

本质上，贫困人口的利益表达机制是建立顺畅的沟通机制，主要可以从增强贫困人口的话语权、建立畅通的沟通渠道和完善沟通的反馈制度三方面入手。一是增强贫困人口的话语权，由地方政府牵头，协同利益各方形成协调组织，特别是增加贫困人口在组织中的数量比例，从而在协商处理旅游扶贫项目的启动、运行过程中的重大问题时，保障贫困人口的意见表达权利；二是建立畅通的沟通渠道，可以通过定期召开居民大会、重大决策征求意见会，采取接待日制度、社会听证制度、信访制度、问卷调查制度等多元化、合法化、组织化的方式，让贫困人口合理、顺畅地表达自身诉求，减少非正式沟通渠道进行信息传递时的消极作用；三是完善沟通的反馈制度，政府、企业等各主体，在收到贫困人口的利益诉求时，要及时、有效处理并告知他们，确保贫困人口感受到利益表达受到重视，让他们及时了解诉求信息动态，从而提高贫困人口参与项目的积极性。

6.1.4 贫困人口参与旅游收益的分配

科学、合理的利益分配机制是保障贫困人口受益的关键。在分配体系的构建中，政府应该起到重要的引导和协调作用。旅游扶贫项目的目的和宗旨是让当地贫困人口能够脱贫致富，而旅游投资开发企业的首要目标是实现利润最大化，两个主体的目标在一定程度上存在冲突；而双方博弈力量悬殊，因此，地方政府必须在旅游项目收益的分配上发挥重要的引导与协调作用，保障处于弱势地位的贫困人口获得合理的收益分配。

一方面，遵循市场经济规律，根据贫困人口参与乡村旅游开发项目情况进行收益分配。贫困人口根据自己在旅游开发中付出的人力劳动、土地资源、房产农舍、设施设备、特产制作技术等的实际情况获得相应的收益。应特别指出的是，地方政府和相关部门要制定配套政策制度，充分保障贫困人口在所参与项目中的利益分配。另一方面，重视旅游扶贫项目的社会目标属性，加强针对贫困人口的倾斜性补偿收益分配。由于旅游开发项目的建设，会不可避免地给社区居民造成一些负面影响。例如，旅游扶贫导致当地日用品价格上涨，造成生活成本提高，这会使贫困农户的生计更加困难；因为旅游项目的建设导致一些以农林业生产为主要生计来源的农户生活陷入困顿；等等。这些影响对贫困人口而言是潜在的、隐形的，政府应从旅游企业经营收入中提取一定的资源使用费，同时划拨一定比例的财政收入，倾斜性地给予当地受影响的贫困人口以及因主、客观原因无法参与项目及获得收益分配的贫困人口一定的利益补偿。

6.1.5 监督控制

据调查，重庆武陵山片区内的贫困人口的主要经济收益方式有经商收入、景区工作收入、临时性收入和补偿性收入等，各收益方式对贫困人口的贡献比例不同，但总体来说，贫困人口还是处于弱势地位。要想充分保障贫困人口的参与机会、利益表达机会与获得公平的收益分配,就要构建严格的监督控制体系。

在利益面前,各利益主体都有可能见利忘义,这对处于弱势地位的贫困人口尤为不利。如政府非法挪用扶贫资金、旅游企业虚报录用的贫困人口数量以获取税收减免等违法、违规现象在旅游扶贫中频频出现。因此,必须建立健全监督控制机制,防止强势利益群体采用非法的利益行为损害贫困人口的正当利益,这是贫困人口受益的重要保障。首先要加大相关的立法和执法力度。在现有的法律基础上,建立健全符合旅游扶贫需要的法律法规体系,明确各利益主体的权责关系,对违法违规行为起到有效的约束作用,保证各利益主体行为的规范化。这些法律法规应由包括贫困人口在内的各利益主体组成的利益监督小组共同审议通过并监督执行。从严控制旅游开发项目的审批,严格控制旅游扶贫资金的分配;对在旅游扶贫开发中发生的徇私舞弊和假公济私等违法违规行为,一经查实,根据情节严重程度予以严肃处理,提高以不法行为获利的违法违规成本。其次要建立信息披露制度。信息不对称是导致很多违法违规行为的根源。对此,政府部门应加快信息平台建设,建立信息披露制度,及时采集和通报旅游扶贫的相关信息,提高旅游扶贫开发的市场透明度。最后要强化舆论媒体监督。旅游扶贫不仅仅是一项经济行为,更是一项具有人文关怀的公益行为,因此要强化舆论媒体监督,加大社会大众在旅游扶贫活动中的监督力度。随着社会经济的发展,新闻媒体已成为一种不可忽视的社会力量,尤其是网络媒体的快速崛起,使媒体在社会违法事件的披露与跟踪报道中扮演着越来越重要的角色,舆论监督已成为贫困人口维护合法权益的重要手段[1]。

---

[1] 李莉. 基于贫困人口受益的旅游开发与旅游扶贫协同机制构建[J]. 商业经济研究,2015(19):103-104.

6.2 协同的核心：本地旅游产业体系的构建

乡村旅游开发与精准扶贫协同的核心在于构建适合本地社会、经济和环境情况的旅游产业体系及融合模式。通过挖掘本地特色资源，整合各方要素，形成规模化和网络化的旅游产业体系；加强产业融合发展，延伸旅游产业链，增强集群效应；注重旅游产业体系的区域协作功能，推动片区内大旅游圈的形成。通过本地旅游产业体系及融合模式的构建与发展，吸引贫困人口参与旅游开发项目并获取利益，摆脱资源路径依赖，形成创新推动发展的旅游扶贫长效机制。

6.2.1 挖掘本地特色资源

重庆武陵山片区旅游开发项目同质化较严重，影响了项目的扶贫功能和效果。旅游开发项目要避免同质化现象，首先需要地方政府统筹部署，站在片区整体发展的角度，进行统一规划，调集各方资源，形成符合扶贫特点的旅游产业整体发展战略，打造规模化和网络化的旅游产业体系；其次应根据发展战略理念和产业体系要求，充分挖掘本地资源特色，分析片区内各地旅游资源的优势，选择不同的旅游扶贫开发模式；最后结合不同的开发模式，根据适宜性、落地性和特色性原则，形成不同的旅游扶贫项目。

1. 地方政府应统筹部署规划本地区的旅游产业发展战略

地方政府及各职能部门，或因规划统筹意识不强，或因统筹能力不足，或因跨区域协作能力与条件不足等主客观原因，缺乏整体性的旅游产业发展战略，内部区域之间旅游产业缺乏深度分工与合作，没有形成规模化和网络化的旅游产业体系，使多数旅游扶贫项目大同小异。片区内各地政府部门应建立沟通协作机制，从片区整体出发，制定宏观的、符合扶贫特点的旅游产业发展战略，构建产业的内部分工和合作模式，集聚资源、资本、信息等要素，联合地方政府、企业、贫困人口、社区等多元主体，打造规模化和网络化的旅游产业体系。

2. 注重旅游产业体系本地化与扶贫属性，形成不同的扶贫开发模式

旅游产业体系本地化与扶贫属性是指旅游业的发展利用本地资源，包括土地、原材料、人力资源、自然资源、人文资源和社会资源等，以扶贫目标为宗旨，以扶贫旅游为龙头，优化相关产业，在本地生产和销售产品，形成完整的产业体系，最大限度地使旅游收益留在本地，有效安置贫困人口就业，达到扶贫的效果。贫困人口通过产业本地化可以持续受益与发展，成为旅游产业体系中不可或缺的旅游产品供给者或价值创造者❶。

重庆武陵山片区丰富的旅游资源和良好的社会发展优势为旅游扶贫提供了可能性与现实性，扶贫政策给片区带来发展的利好趋势。但片区面积大、跨区多，各地的旅游资源、产业发展基础、政策、投资等发展条件有差异，因此在旅游产业体系的本地化过程中，要充分挖掘本地资源特色，分析片区内各地旅游资源的优势度，结合不同的旅游产业发展条件，选择不同的旅游扶贫开发模式。**其中，政企合作模式**主要针对旅游资源优势度较高、旅游产业发展条件较好的地区。该模式强调要发挥企业市场主体与居民扶贫主体作用，政府作用在于提供相应的基础设施、资金支持和资源整合。本区应依托核心旅游资源，成立旅游公司或吸引旅游投资，通过规模化的旅游产业，延伸旅游产业链，实现产业融合发展，摆脱旅游资源路径依赖，同时要注重旅游发展本地化，即让当地居民特别是贫困人口参与到旅游发展中来。**战略联合模式**主要针对具有一定旅游资源优势度、旅游发展综合水平居中的地区。该模式强调对外合作关系的谋求，实现与周边旅游扶贫能力更强的区（县）

---

❶ 邓小海,曾亮,肖洪磊. 我国扶贫旅游产业链优化研究 [J]. 世界地理研究, 2015, 24（03）: 167–175.

开展战略联合,实现优势互补,形成联盟竞争力,在交通、客源、政策、资金、资源等多方面形成共享与合力,从而提高整体扶贫能力。**休闲农业与乡村旅游模式**主要针对旅游资源优势度不够、旅游产业发展竞争力不足的地区。该模式强调依托政策优势发展旅游资源相对集中的村镇,通过打造一批休闲农业与乡村旅游示范点培育旅游增长极,充分利用农业旅游资源,注入民俗文化,吸引内生客源市场,提高旅游扶贫的益贫性❶。

3. 结合不同的开发模式,根据适宜性、落地性和特色性原则,打造不同的旅游扶贫项目

片区内各地以旅游产业体系规划为依据,结合不同的开发模式,以适宜性、落地性和特色性为原则,引入不同的旅游扶贫项目。

政企合作模式的地区,要充分利用优势资源和条件,引入大企业、大项目,打造片区内具有示范和领军作用的旅游扶贫项目。或利用规模化效应,如以优势景区资源为核心,形成宽长的旅游产业链,发展多类型旅游扶贫项目,如重庆市武隆区仙女山镇以天生三桥、仙女山等优势景区资源为核心,形成了餐饮、住宿、交通、演艺、特产、节庆活动等多类型旅游扶贫项目;或"无中生有",打造大手笔项目,如重庆武隆仙女山归原小镇,依托避暑旅游市场,以中高端民宿为核心,注入文化内涵,逐渐形成民宿、文化活动、研学营地等丰富的业态。

战略联合模式的地区,要抓住周边可以联合的具有旅游扶贫优势的地区,加强交流与合作,形成市场补缺型旅游扶贫项目。例如,重庆市武隆区沧沟乡青杠村打造的"古渡驿站",就是充分挖掘和开发古渡和古盐道文化而开发的扶贫项目,其利用青杠是武隆城区经过龙溪乌江大桥进入武隆东部三乡一镇及世界自然遗产地"后坪天坑"的必经之路和东大门这一条件,以

---

❶ 银马华,王群,杨兴柱,等. 区域旅游扶贫类型与模式研究——以大别山集中连片特困区36个县(市)为例 [J]. 经济地理,2018,38(04):215-224.

过境游客为主要目标市场，推出古渡驿站项目。

休闲农业与乡村旅游模式的地区，要充分利用现有资源和配套政策，加强民俗文化要素的挖掘提炼，注重"旅游+农业"的融合，以"一村一品"为导向，丰富业态类型，打造灵活多样的扶贫项目。常见的项目是单体类、分散型、休闲式乡村旅游产品，如家庭经营型农家乐、休闲钓鱼、赏花、农家采摘等活动，为原有的单一农业生产体系附加了旅游产业体系，将农村变为景区、农民变为旅游从业者、农产品变为旅游商品❶。

综上，通过"整体统筹、因地设项、注重竞合、争取多赢"，形成突出本地自然、人文和社会资源特点的旅游开发项目，并加强知识与资本注入，拓展非资源依赖型项目，避免项目同质化造成扶贫效果的不可持续性。

6.2.2 融合不同部门，形成并不断增强集群效应

在形成规模化和网络化的旅游产业体系基础上，加强产业融合发展，延伸旅游产业链，形成并不断增强集群效应。如前所述，旅游产业集群是围绕特定区域的旅游吸引物形成的旅游核心产业、旅游依托产业、相关辅助机构以及旅游组织和教育培训机构在空间上集聚，组成的一个完整的旅游服务体系。这些主体基于旅游产业结网并互动、协同工作，创新旅游产品和服务，提高旅游产业竞争力。旅游产业集群的核心是企业，包括主导产业的企业和垂直联系的相关企业；辅助层次是服务组织，包括政府、智力支持机构、中介机构等。集群内的企业与服务组织等主体间形成水平与垂直的复合关联，区域内旅游产业集群水平构成主要有核心产业、支持产业、服务配套产业和衍生产业。核心产业主要包括吃、住、行、游、购、娱；支持产业包括金融、科技、传媒、教育和政府部门；服务配套产业包括交通、信息咨询、开发设

---

❶ 银马华，王群，杨兴柱，等.区域旅游扶贫类型与模式研究——以大别山集中连片特困区36个县（市）为例 [J].经济地理，2018，38（04）：215-224.

计等；衍生产业包括各种旅游纪念品、商品、礼品的生产部门。垂直结构由供货商、服务商、客户等相互联系构成网络的企业组成❶。通过集群在区域内形成既有生产企业，又有辅助服务机构的完整产业链，从而形成并不断增强旅游产业的集群效应。

目前，重庆武陵山片区乡村旅游扶贫项目还没有较好地发挥旅游产业的关联与综合作用，很大程度上是因为旅游产业没有很好地推动相关部门之间的交叉发展、跨产业融合度较低、旅游产业链横向与纵向延伸不够、相关企业间联系脱节，从而影响了旅游产业，以致集群效应难以形成。一方面，旅游扶贫项目的相关产业之间不完全配套，难以满足旅游者的综合需求。例如，在旅游扶贫开发过程中，吃、住的信息和娱、购的信息常常分离，有的提供住宿不提供餐饮，有的提供餐饮不提供住宿，娱乐项目、旅游商店又往往由单独的企业提供，难以留下旅游者和吸引消费。另一方面，旅游扶贫项目的相关企业之间存在联系脱节情况。旅游扶贫项目在运行时，应形成以核心旅游企业为基础，同时带动与牵制着其他企业发展的产业链，但目前片区内多数地区并未形成核心旅游企业且缺乏有效的带动力，导致相关企业之间联系脱节，无法实现对区域内旅游相关要素的有效整合，难以形成完整的、能实现扶贫效果的旅游产业链❷。

因此，要通过横向和纵向的扩展、延伸，加强产业间的融合、企业间的关联，从而形成与增加旅游产业集群效应。

一是加强旅游产业集群横向扩展和延伸。注重区域内旅游产业集群的水平要素培育，即构建核心产业、支持产业、服务配套产业和衍生产业及其融合体系。将旅游产业融入其他相关产业、部门的运行中，可以实现旅游扶贫项目在不同产业、部门间渗透，通过建立"大扶贫、大产业、大旅游"的理

---

❶ 张鹏顺. 旅游产业集群形成与发展机制研究 [M]. 合肥：合肥工业大学出版社，2011.
❷ 邓小海，曾亮，肖洪磊. 我国扶贫旅游产业链优化研究 [J]. 世界地理研究，2015，24（03）：167-175.

念，整合协调相关各部门的政策和各类资源，将其与农业扶贫、教育扶贫、科技扶贫等扶贫形式紧密衔接，使财税、产业、投资和金融等方面的政策相辅相成并形成合力，实现扶贫效应最大化；打破传统旅游业边界，深度扩展涉旅要素体系，延伸产业链、拓宽产业面，促进产业融合与资源整合，通过旅游业与相关产业间的融合，如"旅游+互联网""旅游+金融"等，实现旅游产业链的横向延伸和扩展，促进贫困人口获得旅游收益。因此，要以旅游企业为重点打造旅游核心产业，充分发挥核心企业或节点企业的资源整合作用，通过合作、联合经营、联盟、并购等形式，不断融合相关支持产业、服务配套产业和衍生产业，不断吸引多家相关企业进入本地，并形成紧密关联的利益共同体，从而实现产业集群的横向扩展和延伸，形成具有群体规模效应的产业集群，提高区域竞争力和市场影响力，实现旅游扶贫项目的最大价值❶。

二是加强旅游产业集群纵向扩展和延伸。注重区域内旅游产业集群垂直要素的培育，即将旅游扶贫项目的经营活动扎根于当地社会经济关系之中，增强旅游核心企业和相关企业的根植性，优化当地产业结构，提高地方经济的持续发展力。随着社会分工的细化，任何旅游企业能向顾客提供的价值变得十分有限，旅游企业只有与旅游产业链上的其他企业相互合作，才能提供完整且令顾客满意的价值。现代旅游企业获得竞争优势的基础也超出了单个企业自身的能力和资源范围，扩展到了更大范围、更多种类的核心能力和旅游产业资源。要想通过发展旅游来实现贫困地区经济发展、贫困人口收入增加和脱贫奔康等目标，就要着眼于全局，加强产业链上下游企业的整合，将旅游供应商、旅游服务商、旅游者等主体紧密联系起来，形成具有地域特色的旅游及相关企业集群，从而有效地消除旅游市场压制，发挥产业协同效应，降低旅游企业间的交易费用，促进旅游企业间技术转移和扩散，合理配置产

---

❶ 邓小海，曾亮，肖洪磊. 我国扶贫旅游产业链优化研究 [J]. 世界地理研究，2015，24（03）：167-175.

业资本。

通过横向与纵向维度扩展、延伸旅游产业链，加强旅游及相关企业间的关联与合作，弱化产业边界，构建以旅游产业为支架，以特色农业、特色加工业、现代物流业、商贸服务业、信息服务业等一二三产业协同融合发展的旅游产业集群，在发展过程中逐渐形成并增强集群效应，从而巩固旅游产业体系的扶贫效果。

6.2.3 提高区域协作能力，构建大旅游圈

注重旅游产业体系的区域协作功能，加强跨区域扩展和延伸，推动片区内大旅游圈的形成。跨区域扩展和延伸是指通过与客源市场及其他旅游目的地（特别是周边区域）间进行旅游合作，集结及发挥不同地区间的旅游市场、资源功能，发展联线及区域旅游，实现对周边市场、资源的整合利用，扩大彼此的旅游发展空间，发挥旅游产业体系的区域协作功能，使旅游开发的扶贫效应在空间上得到有效扩展和延伸。通过建立跨区域旅游扶贫项目的合作机制，充分利用周边地区的优势资源、热门景区和客源市场，加强与区域外旅游热门地区的合作，采用"捆绑营销，联合推介"模式，采取"区域旅游营销资金捆绑筹措""营销媒介集中采购""旅游目的地统一包装""旅游目的地联合推广"等措施，不断促进扶贫旅游产业体系与外部环境协调发展，推动片区内大旅游圈的形成[1]。

一是通过构建旅游扶贫攻坚与跨行政区合作协同机制解决该瓶颈问题。在建立旅游扶贫攻坚协同领导机构的基础上，建立区域联席会议制度，并在联席会议下设区域扶贫开发委员会，推进区域合作，落实重大旅游扶贫项目的实施，解决其实施过程中存在的重大问题，统一规划，整体营销，信息共享，以期促使片区内各区（县）共赢。除此之外，要重视跨区域的利益协调，

---

[1] 邓小海，曾亮，肖洪磊. 我国扶贫旅游产业链优化研究[J]. 世界地理研究，2015，24（03）：167-175.

借鉴国外相关经验，设立保证项目实施的区域合作发展基金，包括旅游产业发展协调基金、贫困人口就业培训基金等。积极推进各区域利益共享，促进区域均衡发展[1]。

二是通过有效打破行政壁垒，加强旅游产业发展的区域合作。实现跨区域联动发展，追求片区内旅游产业带来的整体效益，即构建大旅游圈，发挥旅游产业体系的综合协作功能，从而建立实现扶贫目标的良性长效机制。

6.3 协同的保障：多元主体协同机制的建立

乡村旅游开发与精准扶贫的协同主体包括政府、企业（市场）、社区及贫困人口。各主体在协同理念上能够达成一致，但贫困人口受能力所限，很难深度参与旅游开发活动，各协同主体的内生动力不足，协同后劲难以为继。因此，需要通过清晰定位各协同主体的角色，加强主体与客体（即旅游产业体系）之间的良性长效互动，建立多元主体的协同机制，从而形成乡村旅游开发与精准扶贫的协同保障。

6.3.1 扶贫主体联动

旅游扶贫开发是一项系统工程，政府、企业（市场）、社区及贫困人口都是重要的参与主体，扮演着不同的角色，发挥着不同的作用。需要有机整合系统资源，构建有效的组织平台，形成主体之间的合作与分工，即清晰定位主体角色，形成扶贫主体联动。

---

[1] 杨丽，龙茂兴. 武陵山片区旅游业内生发展能力建设及其多维减贫机制创新研究［J］. 贵州师范大学学报（社会科学版），2019（04）：61-69.

首先，打造有效的组织平台，使各主体的活动有组织保障，从而提高主体联动的效能。 以脱贫攻坚为目标，打破原有的条块分割化行政体系，整合各方资源，按一定比例吸纳政府部门、企业、社区及贫困人口代表，成立旅游扶贫开发委员会，形成一个内部互相制约、合作与协调运行的组织系统。这种组织形式不是严格意义上的实体组织，主要是针对具体的开发项目构建协同合作的平台，可以直接在社区现场办公。这种操作灵活、成员多样的组织机构可以为旅游扶贫开发提供组织保障，不仅有助于协调政府各职能部门的分工协作，提高他们的工作效能，而且能够展现政府部门与其他部门、团体及个人之间合作的诚意，增强彼此的信任，加强信息的沟通，确保开发协调、有序发展❶。

其次，清晰定位各主体的角色，明确各自的责任与义务。

（1）政府主导。政府是旅游扶贫的组织者和领导者，有责任和义务去推动旅游扶贫项目的发起、实施，维持各方合作，协调各主体的关系，以及制定相关政策等。但要注意的是，政府的主导作用不是事事主导，从而破坏市场运行规律，而应该从宏观层面和整体效益方面着手，通过提供公共产品和制定公共政策，使政府"有形的手"引导市场机制"无形的手"发挥积极作用，保障扶贫目标顺利达成。

（2）企业（市场）运作与响应。企业是旅游扶贫的重要市场主体，其责任和义务是充分利用市场运作、经营管理、资金筹措等优势条件，将旅游扶贫项目市场化运行，并坚守社会责任，将企业的经济效益与扶贫的社会效益、地区的环境效益统一化，为贫困地区输入资本、技术、企业人才、信息等高级生产要素，激活本地旅游市场机制，增加旅游扶贫项目的经济效益，保证贫困人口的利益分配。

---

❶ 胡明文，王小琴. 生态旅游扶贫开发的多元主体协同机制探讨——以兴国县天鹅湖社区为例 [J]. 江西农业大学学报（社会科学版），2010，9（04）：43-46，90.

(3）社区及贫困人口参与执行并受益。社区及贫困人口是旅游扶贫效果的受益者，是扶贫目标是否实现的衡量主体，其责任和义务是积极参与旅游扶贫项目活动。社区执行相关任务，贫困人口主动表达利益诉求，实现受益目标，完成脱贫任务。社区及贫困人口要主动参与融入旅游扶贫项目的规划、实施和评估等各个环节，社区要执行旅游开发活动的相关任务，如论证、监督、培训、引导与管理等，贫困人口要积极提高参与能力，成为旅游扶贫开发活动的参与者与受益者，保证脱贫目标的实现。

综上，各主体在组织平台上，各负其责，有效地进行分工与合作，形成联动合力，推动旅游扶贫项目顺利运行，从而有效达成扶贫目标。

6.3.2 扶贫主体与客体互动

在组织平台的保障下，围绕旅游扶贫项目的开展，加强重庆武陵山片区旅游扶贫主体的内生发展能力建设，注重扶贫主体在旅游产业体系的形成与发展过程中发挥的不同作用，从而推动扶贫主体的联动活动与本地旅游产业体系之间形成良性长效互动。

旅游扶贫主体的内生发展能力建设，是指政府、旅游企业、社区及贫困人口等扶贫主体的知识、技术、经营管理、服务、创新发展能力建设，培育贫困地区旅游业外源式发展的内生化能力。

1. 政府能力建设与互动

地方政府尤其是乡镇政府要创新地方政府治理模式，培养地方政府发展能力，建设服务型、学习型政府是实现重庆武陵山片区旅游业内生发展、多维减贫，形成旅游产业体系，促进当地经济社会发展的重要因素。

首先要建立组织保障体系。地方政府要充分发挥基层党组织的重要引领作用，发挥党员在脱贫攻坚中的先锋模范作用。其次要创新政府治理模式。地方政府要根据当地旅游资源禀赋，充分发挥资源优势，合理制定符合本地区实际情况的旅游业发展规划，并提供资金、土地、税收、人才等方面的政策支持；出台优惠政策，鼓励旅游企业、各类人才积极参与提升贫困人口自我发展能力和增加贫困人口就业岗位的扶贫项目；做好社会保障、医疗、教育培训、基础设施建设等方面的辅助工作；组织考核地方政府政策实施情况，完善科学的考核制度和措施，建立有效的激励机制，从而提高一线工作人员的工作积极性，提高基层干部推动发展、服务群众、促进和谐的能力；创新反馈机制，对旅游业发展中存在的问题及时加以反馈，及时调整旅游开发策略。

2. 企业能力建设与互动

贫困地区旅游业内生发展离不开企业，特别是旅游核心企业的引领。它们的主要任务是在均衡分享国家各项优惠政策的前提下，促进目的地旅游经济的良好发展，创造更多的就业机会，提高贫困人口的上岗能力。

这就要求企业不断提升自己的经营管理能力、产品研发能力、市场推广能力并践行企业的社会责任。通过资源开发、产业培育、市场开拓、村企共建等方式参与扶贫开发，激发贫困人口内生动力。旅游核心企业一是要抓住市场机遇，科学设计旅游线路，提高旅游产品档次，细分客源市场结构，拓宽营销渠道，帮助本地商户开拓市场，提供专业化服务咨询，为其规避市场风险、外部冲击建言献策；二是要组织并开展一系列专业化的培训项目，通过岗前培训、岗位培训、专项培训等手段，提高当地居民的服务意识和职业素养，提高当地居民的服务水平和职业技能，鼓励旅游企业与当地居民合作开发旅游项目，完善利益分配制度，与当地居民共享旅游业发展红利，扩大旅游业发展乘数效应；三是要重视乡村微型企业的发展，促进农家乐、民宿等小微旅游企业走合作共赢的道路，避免恶性竞争，形成产业集群效应，使乡村旅游向市场化、规模化发展。

3. 社区及贫困人口能力建设与互动

社区及贫困人口内生发展能力建设是旅游业内生发展能力建设的重要内容。只有不断培育社区及贫困人口自我发展的能力，增加其可支配收入，才能顺利实现脱贫攻坚。

一方面，明确社区居民的主体地位。社区居民是旅游业内生发展的主体，他们不但担负着保护当地生态环境、传承民族文化的责任，而且要共享旅游业发展成果。因此，需要不断提高社区居民旅游参与度，增强其参与意识，拓宽其参与途径，结合精准扶贫理念，将贫困户与旅游产业发展精准捆绑，精准共享发展成果，构建利益共享机制和保障机制，确保贫困户参与旅游开发并获得合理的利益分配。确保旅游扶贫中的多元主体按照实际情况享有相应的权利和承担相应的义务，确保参与各方的积极性和主动性。遵循"民主决策、权力公开、利益共享"原则，通过召开群众大会，共同制定村民自治公约，让群众参与建设、参与决策、参与监督。赋予农民更多的财产权、经营权，通过"群众会+""一事一议"等方法维护群众的参与权、决策权，通过"企业+合作社+农户"等模式保障农民的收益权、分配权；通过项目整合、打捆投入，提升群众的幸福感和获得感，凝聚党心民心，坚定群众发家致富的信心和决心。深入实施"旅游+扶贫"行动，运用"旅游+村集体+公司+农户""旅游+合作社+农户"等模式，加强景区周边、沿线村开发建设，群众以资金、土地、林地、房屋等资源入股旅游公司或合作社，直接参与旅游开发，由旅游发展公司实施整村包装打造和建设，推进景区自然风光与村庄人文风情融合发展，实现利益联结、景区发展、农户受益。

另一方面，改变贫困人口的思想观念，提升贫困人口的服务水平。贫困地区居民大多思想保守，受教育程度偏低，正所谓"扶贫先扶智"，要加强对当地居民的教育培训。农民教育培训应包括精神文明、文化、道德法治、观念意识、技术技能等方面,从而改变其落后的思想观念,丰富其知识和技能。要加大对教育事业的投入,鼓励社会力量参与办学,完善各类学校的师资队伍建设,吸引外来人才参与当地教育事业的发展,尤其要重视贫困地区职业教育的发展。通过大力发展职业教育,为旅游业及相关产业发展培养实用型、技能型人才。社区要建立固定的旅游培训点,邀请旅游专家定期开展旅游行业相关知识培训和进行业务指导;要与高校、职校合作,常态化开展旅游行业知识技能培训,建立培训示范基地;与当地就业局等相关单位合作,共同进行旅游行业就业培训指导,多管齐下,齐力攻坚,进一步加大乡村旅游知识技能培训力度。开展贫困户就业、创业培训,提高贫困人口脱贫致富能力,提升旅游服务水平。定期举办各类窗口服务人员技能大赛,以赛促训、借赛提高,评选和表彰一批满意旅游景区、满意农家乐、满意旅行社等行业典型。要强化对贫困人口现代旅游业经营管理理念和方法、法律法规、金融政策、环境保护等知识的培训,教授其实用性强的知识和技能,使其能够持续而稳定地就业和创业❶。

综上,以旅游扶贫项目为纽带,使政府、企业、社区及贫困人口各主体协同联动,形成旅游业发展的内生动力,推动旅游产业体系的构建与运行,实现各协同主体的联动与旅游产业体系之间的良性长效互动。

6.3.3 多元主体协同机制的建立

首先,旅游扶贫的多元主体协同机制必须以政府为主导,以党建为引领,部门分工协作。①要建立党委、政府共同负责的脱贫攻坚领导体制和工作体制,扶贫第一书记和扶贫工作队对所有贫困村全覆盖,帮扶责任人对所有贫困户全覆盖。政府要积极引导市场发挥正面作用,构建贫困人口与企业利益

---

❶ 杨丽,龙茂兴. 武陵山片区旅游业内生发展能力建设及其多维减贫机制创新研究[J]. 贵州师范大学学报(社会科学版),2019(04):61-69.

共享机制,满足贫困人口的利益诉求,保障贫困人口的利益分配,监督旅游企业履行其社会责任。②加强部门分工协作。旅游扶贫工作的顺利开展需要多部门积极参与和配合,主要包括文化和旅游部、国家发展和改革委员会、财政部、国务院扶贫开发领导小组办公室、农业农村部、生态环境部、国家卫生健康委员会和交通运输部等17个部门,各部门各司其职,在优化旅游区域整体布局、促进区域协同发展、制定旅游发展规划、提升旅游基础设施水平、完善公共服务体系、丰富旅游产品类型、培育旅游品牌体系、创新旅游营销模式、加强用地保障与金融支持和促进人才队伍建设等方面发挥各自的积极作用,合力攻坚,多维减贫。

其次,旅游扶贫的多元主体协同机制需要多方响应、参与。动员社会力量积极参与到旅游扶贫工作中,构建多元扶贫主体协同治理的新模式。开展扶贫志愿行动,志愿者们通过参加文化下乡、帮扶就业、创业引领等志愿活动,帮助和带动贫困村、贫困户脱贫致富。旅游扶贫工作需要全社会参与,需要大批专业人才参加。不但要加强对本地居民的各项培训,而且要吸引外来人才的支持。与省内外高校加强合作,分级分层开展人才培养培训工作,引导企业、高校、研究机构有效互动,举办旅游人才专场招聘会,积极为企业搭建招才引才平台,通过专业人才培训、人才定制培养等形式加强旅游人才队伍建设。

最后,旅游扶贫的多元主体协同机制需要建立科学的评估反馈系统。旅游扶贫的多元主体协同效果如何,需要建立一套科学合理的评估反馈系统来进行评价。通过企业、社区、贫困人口、社会团体、科研机构等多方信息反馈,政府可以及时发现旅游扶贫项目运行过程中的偏差,并加强过程控制。同时,这种信息反馈也是一种有效监督,敦促政府及时改进相关工作;通过各主体内生能力构建评价体系,可以形成利益协调评估指标,评价政府平衡协调各主体关系的能力和效果;通过对旅游扶贫项目的成本(不仅包括资金、资源、人力等有形成本,还包括环境破坏、生活干扰、文化"污染"等无形成本)、收益(主要考虑为本地提供的就业机会和旅游收入,以及对本地资源的保护、对环境的治理和改善、对本地文化的积极影响)进行对比分析,可以评价各开发主体工作的效果以及开发的整体效益❶。

综上,重庆武陵山片区在旅游扶贫项目开发过程中,要始终坚持"大旅游、大产业、大扶贫"的工作理念,增强旅游业发展内生动力,促进多元主体紧密联动,并与旅游产业体系建立良性、长效互动,构建起"政府主导引领、多方响应参与、科学评估反馈"的多元主体协同机制,形成乡村旅游开发与精准扶贫的协同保障。

6.4 基于圈层结构理论的协同路径设计

圈层结构理论是由德国经济地理学和农业地理学的创始人冯·杜能于1826年在其出版的《孤立国同农业和国民经济的关系》一书中首次提出的,其主要观点是:城市在区域经济发展中起主导作用,城市对区域经济的促进作用与空间距离成反比。区域经济的发展应以城市为中心,以圈层状的空间分布为特点逐步向外扩展❷。概括来说,圈层结构理论是指以城市为发展中心的扩散化发展理论,通过中心的产业集聚和扩散,以及中心的辐射力,使周边地区与中心在产业上形成紧密联系,在地理空间上表现为周边地区以近似"圆圈"的形状围绕在中心的周围,构成区域发展的圈层结构❸。

产业集群是圈层结构形成的来源与基础。根据区域经济学家藤田昌久的"中心—外围"模型,单个圈层结构是通过产业集聚构成中心地区,再通过

---

❶ 胡明文,王小琴. 生态旅游扶贫开发的多元主体协同机制探讨——以兴国县天鹅湖社区为例[J]. 江西农业大学学报(社会科学版),2010,9(04):43-46,90.

❷ 潘旭明,吴雪晖. 比较优势、圈层结构与成渝经济区的协调发展[J]. 宏观经济研究,2011(08):72-79.

❸ 高文智. 旅游圈层结构理论对城郊乡村旅游开发模式的借鉴与启示[J]. 农业经济,2016(03):53-55.

产业分工，经济从中心向整个外围扩散，逐渐形成"中心—外围"地区。一般来说，制造业内部具有上下游联系的产业，如果能集聚在同一个区域，能降低生产成本，共享知识外溢，吸引资本和劳动力、人才等，逐渐形成具有较强经济优势的中心区域；随着中心区域产业规模的不断扩大，土地、劳动力等成本和交易费用逐渐上升，产业集群内低附加值的生产性环节会不断从中心向外扩散，中心保留高附加值的非生产环节❶；中心区域在整个地区占据核心地位，对外围区域产生强大的市场辐射力，将周边地区紧密联系在一起❷。

在区域发展过程中，单个圈层结构的形成和发展，可以在区域内部形成合理的产业集群结构和有效的扩散机制，促进内部的生产要素合理流动，激发技术创新，具有较强的经济拉动作用；多个圈层结构的互动，可以通过市场的比较优势，利用市场这只"看不见的手"，调整各圈层的产业结构，降低不同圈层产业结构趋同的程度，促进相互间的产业结构协同升级，有效规避产业、产品同质化风险。

如前所述，重庆武陵山片区乡村旅游开发与精准扶贫具有协同基础、核心和保障，即片区引入的旅游开发项目以贫困人口受益和发展为根本目标，有坚实的旅游资源和旅游产业发展基础，并有多元主体协同机制的保障。同时，还有不断引入的扶贫基础设施、扶贫资金和政策倾斜等有利发展条件。因此，片区内可以通过旅游产业发展完成和实现脱贫攻坚的任务和目标。目前，经过资源分析和实践论证，片区内旅游扶贫开发主要**采用"景区带动型"模式**，在这种模式下发展旅游产业，适合引用圈层结构理论，**通过"旅游圈层结构"模型，构建乡村旅游开发与精准扶贫的协同路径**。

---

❶ 吴小波，曾铮."圈层"经济结构和我国区域经济协调发展——基于经济地理学产业集聚理论的分析框架[J]. 产业经济研究，2007（02）：47–56.

❷ 潘旭明，吴雪晖. 比较优势、圈层结构与成渝经济区的协调发展[J]. 宏观经济研究，2011（08）：72–79.

第6章　乡村旅游开发与精准扶贫的协同路径设计

片区内各地以具有吸引力的景区资源为中心，如武隆喀斯特旅游区、石柱黄水国家森林公园、黔江小南海等世界级和国家级的景区资源，发挥中心的集聚效应，吸引旅游核心企业进入景区所在乡镇，通过旅游产业的强关联性，不断吸引旅游产业链的上下游企业进入本地或由本地创建相关企业，在本地逐渐聚拢资本、技术、人力等生产要素，从而形成具有较强发展优势的旅游产业集群；在旅游产业集群的不断发展过程中，随着产业分工的不断细化与深化，通过"中心—外围"机制，在景区中心的辐射作用下，形成与景区中心地区紧密联系的不同层次圈层区域。

在重庆武陵山片区，各地通过单个圈层结构的形成和发展，能够丰富本地的经济业态，提高整体经济效益，增加就业岗位，拓宽收益途径，提供创业机会，贫困人口在此过程中，可以获得可持续收入，达成脱贫攻坚的目标。

多个圈层结构在片区内不断形成并加强互动，形成多中心发展格局，有利于片区内旅游产业整体发展，多圈层旅游产业协同升级；还有利于促进片区内外的战略合作，形成跨区域合作；还有利于丰富多圈层结构重叠地区的经济生态，激发其经济活力。

结合前文所述，重庆武陵山片区进行旅游扶贫开发时，要注重旅游产业体系本地化与扶贫属性，形成不同的旅游扶贫开发模式，片区内各地形成的旅游圈层结构主要有三层（见图6-1）。

内圈层：旅游开发核心区，以政企合作模式为主进行旅游开发的直接受益地区。

中间圈层：旅游开发边缘区，以战略联合模式为主进行旅游开发的直接带动地区。

外圈层：旅游开发影响区，以休闲农业与乡村旅游模式为主进行旅游开发的间接带动地区。

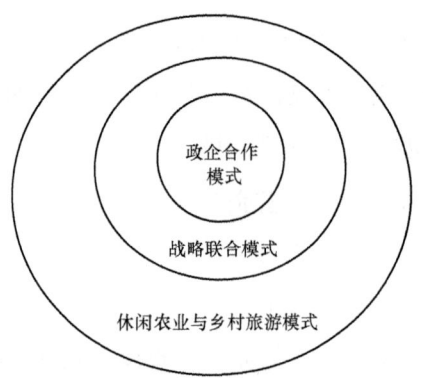

图 6-1 基于圈层结构理论的协同路径设计

6.4.1 旅游开发核心区：直接受益地区

内圈层是旅游开发核心区，也是以政企合作模式为主进行乡村旅游开发的直接受益地区。该类地区主要指拥有核心景区、景点资源的乡镇，贫困人口主要在旅游相关行业和部门，如旅游企业提供的岗位就业，进行景区小商品经营、农家乐经营等。

1. 内圈层要充分利用旅游产业集群规模，形成集聚效应，发挥中心辐射功能

片区内，拥有核心景区、景点资源的乡镇，一般都具有发展旅游业的优势条件（如独特、典型或自然和文化垄断性的旅游资源），政策优惠与保障，较强的旅游接待能力，较好的交通、通信等基础设施条件等，通过政企合作模式的乡村旅游开发，充分发挥政府的主导作用，有效整合设施、资金、资源、信息，充分发挥旅游核心企业的市场主体作用，不断延伸和扩展旅游产业链。因此，这些乡镇的旅游产业发展专业化水平较高，比较优势较显著，一定程度上具备旅游增长极特征，大多以旅游业为支柱产业。

把拥有核心景区、景点资源的乡镇作为旅游开发核心地区的内圈层，

可以充分利用其旅游资源禀赋和产业优势，发挥旅游业的强关联作用，吸引垂直体系的上下游企业、横向体系的同类竞合企业进入本地或由本地创建相关企业，形成规模化的产业集群，从而不断引入资本、技术、信息等生产要素，发挥旅游开发核心地区的产业优势，形成中心区域的强辐射功能。

通过圈层结构中心地位的确立与形成，乡村旅游开发核心区的旅游产业效益明显，是直接受益于旅游开发的地区。

2. 贫困人口主要受益于旅游产业集群的核心部门

通过问卷、访谈等调研，总体来看，贫困人口主要可以获得经济收益和非经济收益。重庆武陵山片区内，旅游开发核心区主要聚集了以景区、景点经营和管理为主的"吃、住、行、游、购、娱"等旅游产业集群核心部门，包括景区景点、旅游小商品经营、餐饮、酒店、农家乐、旅游交通、旅游休闲娱乐等，贫困人口可以在景区、景点开发过程和诸多实体经营中直接受益。

贫困人口的经济收益主要有旅游开发的补偿性收入、在景区等企业工作的工资收入、依托景区景点的经营收入等；非经济收益主要有思想观念更新、旅游职业技能提升、基础设施完善、居住环境改善等。

实地调研发现，重庆市武隆区仙女山镇在旅游扶贫开发方面，打造了"中心集聚—外围扩散"的圈层结构模式，具有值得借鉴和思考的实践经验。

重庆市武隆区仙女山镇位于武隆区东北部，全镇幅员278平方千米，辖7个行政村、1个居民委员会，城镇建成区面积10平方千米，旅游旺季城镇聚集人口10万人以上，是全区规模最大的镇，拥有重庆仙女山国家森林公园、天生三桥、龙水峡地缝等世界级、国家级的旅游资源，获得国家级旅游度假区、全国重点镇等称号。近年来，仙女山镇以景区、景点资源为基础打造了旅游产业集群，形成了"一周边、一环线、五组团"的布局，即"度假区周边"乡村旅游精品示范区、"一环线"乡村旅游特色示范带、五个乡村旅游风情小镇，突出抓好"休闲农庄、生态水果、可食花卉、科技烤烟、厚朴药材"五大特色产业发展。

白果村是仙女山镇 7 个行政村之一，幅员 30 平方千米，地处天生三桥、龙水峡地缝等旅游核心景区内，可以充分利用景区、景点的中心地位，积极调动各种因素为贫困人口拓宽增收的脱贫渠道。小成本的经营收益和简单技能的景区工作是贫困人口最常见的经济收益方式。位于天坑寨子景区附近的白果村，部分贫困人口便是通过在景区内经营小商品和到景区就业来参与旅游业，获得经济收入的。在实地调研中我们发现：在景区就业的贫困人口，大多从事基层的保洁等岗位，不需要专门的技能，但工资收入有限；景区小本经营的贫困人口，基本为 36~50 岁的女性，文化水平不高，投入成本不高，具有参与意愿，但小商品无特色、可复制性较高，整体缺乏旅游服务和旅游营销意识，收入并不高。从案例来看，通过景区带动贫困人口就业和经营，能增加一定收入，但从调研反馈来看，参与的贫困人口对收入和扶贫方式并不太满意，脱贫效果没有达到预期目标。

另外，在景区、景点的开发经营过程中，白果村的交通、通信等基础设施与居住环境得到了极大的改善，村民的生活习惯在不断改善，村容整洁、乡风文明，基本形成了家风带民风、民风促社风的良好氛围，贫困人口的脱贫意识等也在不断提高，愿意并积极参与旅游及相关项目活动。

3. 协同路径小结和启示

综上所述，旅游开发核心区的贫困人口可以通过景区的带动开展经营活动和就业，形成了乡村旅游开发与精准扶贫的协同，获取了经济收益和非经济收益。

同时，要不断提高协同程度，扩大贫困人口的受益面，提高贫困人口的收入和可持续发展能力，防止返贫情况出现。第一，加强政府主导，针对经营、就业等需要,进行专门的职业技能和素养培训,提升贫困人口的参与意愿和能力,形成旅游专项培训与精准扶贫的协同;第二,加强政府引导,加大景区倾斜帮扶力度,如多元就业岗位的提供、经营租金的减免、商品营销的协助、产品增值服务等,降低贫困人口的参与门槛,主动引领贫困人口融入景区建设,形成景区任务导向式帮扶与精准扶贫协同。

通过政府专项培训、景区帮扶等方式提高现有协同程度,提高贫困人口参与能力,从而实现脱贫目标。

6.4.2 旅游开发边缘区:直接带动地区

中间圈层是旅游开发边缘区,也是以战略联合模式为主进行乡村旅游开发的直接带动地区。主要指位于核心景区、景点边缘的乡镇,贫困人口主要在旅游配套延伸部门就业,如房地产行业、采摘农业、休闲娱乐业等。

1. 中间圈层既要加强与核心区的合作,形成副中心功能,又要借助共享资源,发挥本地产业优势

片区内虽然旅游资源丰富,但优势资源在区位上较为集中,大多数乡镇并不具备典型、有特色的旅游吸引物。位于核心景区、景点边缘的乡镇,虽然有一些自然和文化旅游资源,但鲜有垄断性的旅游资源。不过,近年来,随着国家和地方对片区的政策支持力度加大,核心区的旅游产业辐射效应的增强,这些乡镇的旅游产业基础设施和服务设施不断完善,旅游发展政策倾斜力度持续加大,旅游接待服务能力与水平不断提升。因此,旅游及其配套产业将成为这些地区未来经济增长的重点领域。

将核心景区、景点边缘的乡镇作为旅游开发边缘区的中间圈层,可以充分利用区位优势,即与核心区加强合作,实现优势互补,着力构建核心区旅游产业的配套延伸部门,为核心区提供必不可少的旅游产品补充和重要服务支撑,形成副中心功能。同时,充分挖掘本地资源特色,借助核心区提供的共享资源，如交通、游客、政策、资金、资源等，打造本地优势产业，如采摘农业、特色小镇等。

通过副中心地位和本地优势产业的形成与建立，旅游开发边缘区可以形成综合水平较强的旅游及配套产业部门，成为乡村旅游开发的直接带动地区。

2. 贫困人口主要受益于旅游产业集群的配套延伸部门

如前所述，重庆武陵山片区内，旅游开发边缘区主要聚集了与核心区紧密联系、互利互惠的配套延伸部门以及本地的特色部门，包括旅游地产、休闲度假、特色民宿、研学基地、体验农业、特色小镇等。这些部门可以在核心区的主要旅游产品基础上，不断增加旅游产品的附加值，丰富旅游产品的内涵。例如，在自然景区的观光旅游基础上，提供度假旅游产品，形成多元化的旅游产品，提高旅游者的过夜率和回头率。贫困人口可以从核心区直接带动的部门中获取相关收益。

旅游开发边缘区内贫困人口的经济收益主要有旅游延伸行业的股份收益（如土地入股）和工资收益、体验采摘农业的经营收益等；非经济收益主要有创业能力收益、资源共享收益等。

武隆区仙女山镇龙宝塘村位于仙女山镇西北部，属于仙女山养生组团，距仙女山镇约5千米，属于仙女山镇核心景区的边缘区。幅员45.2平方千米，海拔640~1060米，森林绿化率达75%，有"大自然天然氧吧"之称。

近年来，龙宝塘村充分挖掘本地资源，如避暑优势、蔬果采摘体验、休闲垂钓等，共享仙女山镇核心区的基础设施、优惠政策、整体营销、宣传渠道、游客资源等，形成了旅游地产、农家乐、共享农庄、研学基地、户外运动基地等具有本地特色的配套部门，不仅提高了乡风文明，改善了居住环境，还为贫困人口拓展了多元脱贫渠道，曾获中共中央组织部授予的"整村脱贫先进基层党组织"荣誉称号。

第6章　乡村旅游开发与精准扶贫的协同路径设计

龙宝塘村按照"一村一品"的产业发展要求，着重发展旅游服务业，促进旅游业与种植业的融合发展。截至 2019 年上半年，全村种植中药材 2.5 万亩，花卉、林果观光园 2000 亩，设有休闲垂钓区 52 亩，农家乐床位 1142 个，日均接待游客 3600 余人，夏季高峰期每日短租游客超 1000 人，直接和间接带动了 500 余人脱贫增收。龙宝塘村还引进了绿色智慧发展新模式——"共享农庄""共享果园"，探索拓展传统垂钓及亲子休闲亲水项目，打造国家级武术研修及户外运动项目基地，形成了多元旅游业态，丰富和补充了核心区的旅游产品，增加了贫困人口参与项目的机会。

调研访谈对象中，有一位残疾人成为脱贫致富的典型代表。他主要经营果园，兼营老腊肉等土特产，主要客源为当地短租游客、回头客及口碑带来的客流，主要渠道是消费者上门购买，同时开始尝试电商销售。他家曾是较困难的贫困户，通过政府引导帮扶，自主参与相关培训并自学，利用核心区产业集聚给本地带来的整体宣传效应、交通改善、游客增加、信息畅通等优势，做活、做强了果园经营，年收入达 15 万元左右。但目前遭遇了发展瓶颈，主要集中在营销方式的突破、市场与生产的信息不对称、同类产品竞争大等方面。

另一位被访对象是因病致贫的中年男性。在参与旅游扶贫项目过程中，原计划通过扩建自有房屋，开设农家乐，同时进行少量的鸡、鸭等家禽喂养出售，以增收脱贫。他将宅基地指标作为入股资本与投资方签订了扩建合同，但因所建面积严重超标，政府不准、开发商不撤，房屋烂尾，生活陷入困境。虽然该贫困户有强烈意愿参与旅游扶贫项目，但身体受限较大，因不懂法律且有投机心态而使唯一的生计资本无法启动。

从两个案例来看，通过政府引导、共享资源、突出特色，可以补充和丰富旅游产品，创新开发新业态。但从调研反馈来看，政府的引导方式、主体间关系协调等方面的工作，还有改进空间。

3. 协同路径小结和启示

综上所述，旅游开发边缘区的贫困人口可以通过政府主导和引导培训、生计资本入股等方式，形成乡村旅游开发与精准扶贫的协同，获取经营收入、工资收入等经济收益和创业技能、共享资源等非经济收益。

同时，要关注协同细节，协助贫困人口防范市场风险，保护贫困人口已有的脱贫成果。第一，加强政府整体协调，研究周边乡镇产业，畅通产销市场的信息交流，打造差异化的特色产品，做好政府信息服务与精准扶贫的协同；第二，加强资源整合引导，共享旅游市场，政府要做好旅游者的引流工作，适当引导本地产业规模化，形成政府引导下的旅游开发与精准扶贫的协同；第三，加强"重典型，树榜样"的宣传，提高能人带动效应，形成旅游创新创业与精准扶贫的协同；第四，加强参与主体间的关系协调，优化相关制度和规定，保障贫困人口的利益，降低参与旅游扶贫的风险，形成政府、企业、贫困人口间的良性互动与精准扶贫的制度协同。

6.4.3 旅游开发影响区：间接带动地区

外圈层是旅游开发影响区，也是以休闲农业与乡村旅游模式为主进行旅游开发的间接带动地区。外圈层主要指位于核心景区、景点辐射范围内的远距离乡镇，贫困人口主要在关联产业链上较末端的供应部门和行业就业，如农业、农产品加工业等，或接待由核心区分流而来的游客，实现多样化就业，如同时从事农业、演艺、电子商务等工作。

1. 外圈层要充分利用核心区产业集群的"中心—外围"化过程，发展"旅游+农业"的复合型产业，发挥服务功能，注重市场补缺

片区内还有部分乡镇长期以单一薄弱的农业为主要产业，同时缺乏传统旅游资源，旅游业发展处于弱势地位，整体竞争能力较差。这些乡镇大部分

属于核心景区、景点辐射范围内的远距离乡镇，虽不宜将旅游及其配套产业作为支柱产业或主导产业来发展，但在将旅游产业发展作为片区扶贫开发的重要举措大局下，可以依托政策优势，充分利用农业资源，摆脱传统资源限制，进行功能创新和市场转向。因此，远距离乡镇要注重处于核心景区、景点辐射范围内的区位条件，促进复合型农业的发展，形成经济的可持续增长路径。

将核心景区、景点辐射范围内的远距离乡镇作为旅游开发影响区的外圈层，可以充分利用核心区产业集群的"中心—外围"化过程，将产业集群垂直扩展延伸的末端供应部门和行业转移过来，如蔬菜、水果、家禽等农牧产品供应、农产品加工、特色农产品生产等，增强对核心区和边缘区的服务功能；注重市场补缺，通过产业叠加将产业集群横向扩展延伸，形成"旅游+农业"的复合型产业，挖掘或注入民俗等乡村文化，打造一批休闲农业与乡村旅游示范点，吸引核心区和边缘区分流出来的旅游者，从而培育农业休闲旅游增长极。

通过服务功能的增强与补缺市场的定位，旅游开发影响区可以通过旅游产业集群化构建新的经济增长空间，是旅游开发的间接带动地区。

2. 贫困人口主要受益于旅游产业集群边界的服务部门和利基市场

如前所述，重庆武陵山片区内，旅游开发影响区主要通过"旅游+农业"的复合型产业形成以发挥服务功能为主的农业、农产品加工业、特色农业等部门，以及提供农业休闲旅游产品，占据利基市场，服务于从核心区和边缘区分流出来的旅游者。贫困人口可以从核心区辐射范围内间接带动的部门中获取相关收益。

旅游开发影响区内贫困人口的经济收益主要有多元化业态的经营收入、多样角色的就业收入、原有农业的增值收入等，非经济收益主要有多个圈层重叠区的区（县）合作、业态丰富激活的经济生命力、文化挖掘与注入改善的乡风民俗等。

实地调研中发现，重庆市黔江区小南海镇新建村具有打造乡村旅游开发影响区的典型特点。

小南海镇地处黔江区北部，与湖北省咸丰县大路坝工委集镇相依，边界犬牙交错，至黔江城区公路里程25千米，辖7个村、1个居民委员会，幅员114平方千米，总人口1万余人，山高谷深，地广人稀，森林覆盖率达70%以上，因古地震遗址小南海而得名。新建村位于小南海镇北部，紧临小南海AAAA级景区，距离黔江城区38千米，海拔720～1200米，分布着13个原始古朴的土家山寨，保留了原始的土家吊脚楼民居、原生的生产生活方式、原味的土家民俗风情，获"全国少数民族特色村寨""中国宜居村庄""中国特色院落保护示范村""中国美丽乡村示范村"等多个荣誉称号。因小南海景区是"国家级地震遗址保护区"，开发受限，因此从圈层结构来看，要以黔江城区为中心区，而该村与黔江城区空间距离较远，因此可以界定为影响区。

该村依托小南海景区吸引避暑游客，大力发展乡村旅游业，助推扶贫开发，村民参与的主要方式是从事乡村旅游餐饮、住宿、景区管理、保洁、演出等服务业，针织、蜂蜜、笋子等土特产品和副食销售业，另外还有土地流转以及务工收入，形成了贫困人口的多元收入渠道基础。

调研访谈对象中，有一家因病致贫的农户，一家6口人，包括老人2名，儿童1名，中青年3名，其中3人依靠劳动有微薄收入，1人享有低保收入。该户拥有在建房屋一栋，因缺乏后续资金，工程进展缓慢，难以通过农家乐方式参与乡村旅游业。村内的相关政策是修好5间配套单间后，补贴1.8万元。但目前房屋没达到标准，无法兑现。该户3人的主要收入来源，一是乡村旅游及相关产业开发的土地流转金，二是就地务工的收入，三是参与村文化团表演的收入，四是外出务工的收入。尽管收入来源较多，但总额较少。如小学文化的就地务工者主要是从事本地花草公司的扯草养花工作，从事演艺工作者同时也在本地产业公司从事简单农务，劳动投入大，但收入少且不稳定。

从调研反馈来看，尽管农户参与乡村旅游扶贫的意愿强烈，但受益机制不够科学、合理，导致乡村旅游开发带来的多元收入渠道没有发挥出重要作用。究其原因，一是精准化帮扶贫困户，要授人以"渔"，不仅仅是在大平台上创造发展乡村旅游业的机会，更应该针对贫困户的实际困难，帮助其创造参与条件。例如，该户在建房资金的补贴上，应该有专门的办法，使其早日建好房屋，有条件参与乡村旅游，使补贴发挥雪中送炭的作用，而不是建完再补，造成"扶富不扶贫"的现状。二是利益分配机制要有倾斜性，关注贫困户脱贫。该户的儿媳在文化团工作了一年，离职的主要原因是收入问题，文化团本身收入不高是实情，但收入分配上，不仅没有向贫困户倾斜，还在某种程度上有资源截留的倾向。

3. 协同路径小结和启示

综上所述，旅游开发影响区的贫困人口可以通过乡村旅游与休闲农业的发展，以核心区和边缘区的旅游供给服务和分流游客市场为主，推动农旅融合，开拓多元收入渠道，形成旅游开发与精准扶贫的协同，获取占地补偿、务工、农业种植和乡村旅游等多种经济收益，以及被激发活力的本地经济体系、潜在的多圈层合作前景、不断改进的乡风民俗等非经济收益。

同时，要注重协同机制的精准落地，调动贫困人口参与协同的积极性，切实提高贫困人口的劳动收入。一是加强政府帮扶，激发贫困人口的参与活力，加强对乡村旅游小微实体如农家乐的经营扶持和整合营销，形成政府帮扶下的乡村旅游经营实体与精准扶贫的协同；二是加大资源注入，包括教育培训、文化挖掘、资金引流等，形成复合资源与精准扶贫的协同；三是加强区域合作，旅游开发影响区要充分利用核心区辐射力，通过圈层内和圈层间的旅游精品线路设计来吸引游客，通过圈层内的紧密关联，输出农产品，从而发挥核心区对影响区的间接带动作用，形成区域合作与精准扶贫的协同。

通过协同机制的有效落实，激发贫困人口的参与积极性，提高参与分配率，推动区域间的紧密合作，从而完成脱贫任务。

6.5　本章小结

为确保乡村旅游开发与精准扶贫两个系统实现协同发展，本章在二者协同的基础、协同的核心、协同的保障性要素分析的基础上，基于圈层结构理论设计协同路径，以期营造村民脱贫奔康与旅游可持续发展的美好局面。具体结论如下。

（1）贫困人口的受益与发展，是实现乡村旅游开发与精准扶贫协同发展的基础，本地旅游产业体系的构建是两者协同发展的核心，多元主体协同机制的建立是两者协同发展的保障。

（2）重庆武陵山片区内乡村旅游扶贫开发主要采用"景区带动型"模式，这种模式下的旅游产业，适合引用圈层结构理论，通过"旅游圈层结构"模型，构建乡村旅游开发与精准扶贫的协同路径。

（3）内圈层是旅游开发核心区，是以政企合作模式为主进行旅游开发的直接受益地区。要充分利用旅游产业集群规模，发挥集聚效应，形成中心辐射功能。贫困人口主要受益于旅游产业集群的核心部门。

（4）中间圈层是旅游开发边缘区，是以战略联合模式为主进行旅游开发的直接带动地区。中间圈层既要加强与核心区的合作，形成副中心功能，又要借助共享资源，发挥本地产业优势。贫困人口主要受益于旅游产业集群的配套延伸部门。

（5）外圈层是旅游开发影响区，是以休闲农业与乡村旅游模式为主进行旅游开发的间接带动地区。要充分利用核心区产业集群的"中心—外围"化过程，发展"旅游+农业"的复合型产业，增强服务功能，注重市场补缺。贫困人口主要受益于旅游产业集群边界的服务部门和利基市场。

第 7 章

乡村旅游开发与精准扶贫协同发展的政策建议

上一章中，在乡村旅游开发与精准扶贫协同的基础、协同的核心、协同的保障性要素分析的基础上，笔者引用圈层结构理论，通过"旅游圈层结构"模型，从内圈层、中间圈层和外圈层三个层面构建了乡村旅游开发与精准扶贫的协同路径。为确保两者协同发展的顺利实施，本章将从政府层面、企业层面、贫困人口层面提出确保两者协同发展的政策建议。

7.1 建立有利于协同发展的体制机制

实施乡村旅游开发与精准扶贫、打赢脱贫攻坚战是全面建成小康社会的重大任务，事关社会经济发展的全局。在这一特殊的历史背景下，做好两者协同发展的衔接工作，体制机制的统筹落实显得尤为重要。

一是建立部门联动机制。在领导机构上，强化基层政府的组织保障，成立以分管旅游副县长为组长，县级各部门和乡镇负责人为主要成员的旅游开发和精准扶贫领导小组，将扶贫开发领导小组和推进旅游开发领导小组整合起来，合理分工，加强沟通和协调，提高工作效率和效能，竭力保持发展规划、扶持政策的协同性和战略意图的一致性。

二是完善政府监管机制。首先，加强对外来企业进入特困地区村寨市场准入的监管。政府应加大对旅游开发中企业准入资格的审查力度，通过实地调研和充分论证，确保主导开发的企业具有文化保护与旅游开发的双重职责，对企业的投资模式、旅游经营模式、投资范围、旅游收益分配等方面进行可行性研究，防止潜在的经济投资风险和当地村民利益受损。其次，加强对旅游项目建设的监管。在旅游开发项目建设过程中，政府应加强对村寨景观、公共空间、民居建筑等核心要素的日常监管，严格以村寨旅游发展规划为审批依据，严格审批旅游项目开发的建设方案，防止出现各类破坏村寨景观风貌的行为。再次，完善信息公示平台。推动信息公开、透明化，对当地扶贫进度、政策规章、决策规划等信息实施动态管理，畅通信息渠道、健全反馈机制，为相关利益主体的行动提供平台和条件。最后，加强对企业开发经营行为的监管。目前我国主要有两类企业直接参与贫困地区村寨的旅游开发：一类是外来投资企业，另一类是村集体成立的旅游企业。在旅游开发实践中，政府作为村寨旅游开发与价值保护的监督者，应增强责任意识，对两类企业实施宏观调控和有效监管，出台农家乐、乡村民宿的规范管理制度、综合整治措施和评星定级标准，设置经营门槛，规范经营行为，促进旅游经营的有序进行。

三是落实考核考评机制。以当地政府为主导，部门协同，建立一套既能加快精准扶贫，又能促进贫困地区旅游开发的目标考核机制。借鉴脱贫攻坚所形成的较为成熟的考核考评机制结合贫困地区旅游开发绩效进行综合考核。经济发展维度增加了贫困人口家庭年收入中旅游收入的占比、当地就地就业人数占总从业人数的比例；社会发展维度增加了常住人口中20~60岁人口占比、社会发展基础设施投资占 GDP 的比重；文化发展维度增强了贫困人口对传统文化的认同感，增加了旅游扶贫项目中文化旅游项目数、文化旅游产业发展总量及提高了速度；环境发展维度提高了固体废物处理利用率、旅游接待设施与村寨环境协调率；管理维度提高了贫困人口对扶贫工作满意度、旅游产业扶贫对精准脱贫的贡献率。

四是建立投资风险的保障机制。实施小额信贷扶贫政策，通过评级授信，贫困户可以向相关银行申请小额贷款，当地政府按照国家基准利率给予贴息，切实解决贫困户贷款、抵押难的问题；引入第三方机构，加强对龙头企业、农民合作社等新型经营主体的有效监管，防止企业以各种借口少分红、不分红，确保贫困户"入股分红"的切实利益；扩展农村政策性保险覆盖的范围，引导保险机构积极发展农村小额人身保险、巨灾保险、农机保险、农房保险等普惠保险业务，适当提高保额赔偿标准；探讨保险公司和新型经营主体的合作模式，经营主体拿出贫困户入股资金的3%入保，一旦企业经营不善或破产，由保险公司"兜底"以确保贫困人口的收益，从保障要素上解决贫困人口的后顾之忧，增强脱贫奔康的底气和动力。

五是建立旅游产业发展的激励机制。一是逐步完善农村基础设施和旅游配套设施建设。解决好交通、农业水利设施、旅游配套设施、通信网络、医疗服务和文化教育设施建设问题，努力争取国家财政资金的扶持，逐步完善连片特困地区的交通、医疗、环境、卫生、通信等方面的公共服务供给，为发展生产、改善生活、美化环境提供必要的硬件支持。二是鼓励发展特色产业。产业发展是实现旅游开发与精准扶贫的重要抓手，规划编制中要立足特困地区的资源禀赋和自身产业发展基础，选择发展前景好、综合效益高、最大限度覆盖贫困户的特色产业。例如，依托现有农业项目的发展，融入旅游产业要素，探索"农业+旅游"的产业发展新业态，鼓励贫困人口通过经营家庭旅馆、农家乐，销售农家土特产品，以提供特色交通工具、导游讲解、景区保洁等多种服务形式参与乡村旅游开发，实现农旅结合，发挥农业要素与旅游要素的叠加效应；结合当地的特色文化资源，大力发展文化创意产业。当地村民与其身处的文化有着密切关系，向游客展示的生产、生活、表演、服务等活动更自然、更真实，更能激发、有效挖掘村民作为发展主体的潜力，使其以高度的文化自觉，创造出丰富多彩的文化艺术产品。三是针对不同的群体制定差异化的优惠政策。对于参与危房改造、生态环境保护、教育培训、特色产业种植的当地村民,政府应启动危房改造扶贫政策、生态保护扶贫政策、教育扶贫政策和特色产业扶贫政策,助力解决连片特困地区的贫困与发展问题,同时按政策给予其高额补贴;对于社会公益组织、媒体、学术界等参与主体,政府可通过积极宣传、正面引导、精神激励、示范带动等方式,为各主体提供平台,促进其将资源和专业强项进行功能整合,宣传推广特困地区旅游资源的价值,服务于脱贫攻坚,提升旅游扶贫的质量;对于参与连片特困地区旅游开发的各大企业,政府应营造发展环境,落实税费优惠政策、加大财政扶持力度、加强金融扶持、加大土地支持力度,协调解决企业在旅游开发中遇到的困难和问题。

7.2 推动企业履行社会责任

企业作为参与旅游扶贫的主体,坚持消费者导向,了解市场经济运行规律和消费者需求,可以补齐贫困地区在市场开拓、产品开发方面的短板;投资运营的项目可促进当地产业发展,为贫困人口提供更多的就业机会和收入来源,带动地方经济的发展;营销宣传和商业品牌的推广,有利于帮助贫困地区与外界建立联系,为贫困人口提供可持续生计来源,实现旅游开发、地区经济发展的无缝对接,成为连片特困地区旅游扶贫力量的有益补充。

一是了解旅游者的需求,开发针对性的旅游产品。资源是进行旅游产品开发的基础,应对特困地区现有的物质文化资源和非物质文化资源进行普查和评级分类,并对某些濒临失传的传统工艺、民间文学等进行及时抢救和传承人培训,摸清旅游家底,预判旅游开发潜力,加强资源普查成果的利用和转化。充分发挥企业贴近市场的优势,扎实做好潜在客源目标市场的调研,挖掘旅游者的需求,创造性地引导旅游消费。结合市场调研和资源普查的结果,针对性地开发中、高端旅游产品,丰富旅游产品供给类型,和当地村民提供的中、低端旅游产品实行错位经营，实现旅游资源的市场价值，以获得最大的经济利益。

二是做好市场引领，推进文化业态创新。《"十三五"旅游业发展规划》中明确提出，要推进文化业态创新，大力发展文化创意产业，扶持中小微文化企业的发展。企业可以在文化创意产业的开发和运营上，为特困地区提供资金和智力支持，帮助其开拓客源市场、提高企业运营效率、丰富旅游产品供给、加强夜游产品设计、进行文创产品开发和民俗节庆运营等，实现文化旅游产品提档升级，形成品牌与特色。

三是运用互联网、新媒体的力量进行旅游品牌营销。企业具有贴近市场的优势，深谙旅游者接收信息的主要渠道和方式，针对大众旅游市场，广泛采用文创IP营销、针对特殊事件及重大节庆的借势营销、区域联动营销、影视营销、节日热点营销、VR深度体验营销等方式，融合IP、VR、跨界等元素，在全民关注、全民参与的旅游浪潮中，提高旅游目的地的品牌曝光度和直接旅游经济收益，传递品牌的力量、展示品牌的价值，提高旅游品牌的吸引力。

四是构建利益协同机制和利益补偿机制。坚持共享发展，关键是构建更有效的利益协同机制。村民是当地的主人，在贫困地区旅游扶贫开发过程中，企业应充分尊重当地村民的意见和建议，开辟村民利益诉求表达的畅通渠道，让其享有旅游决策权，有效地参与旅游发展事务，实现实质性的参与并成为真正的主体；用制度的形式明确村民在旅游开发中享有优先就业、入股分红的权益，遵循"资源公有、平均分配、兼顾弱者"的基本原则，确保全体村民都能获得乡村旅游开发的收益，同时兼顾效率与公平；对旅游资源的价值进行科学评估，鼓励村民以民居、土地、林地等资产折价入股，变闲置资源为经济资源，通过村集体、企业、村民的协商，确定当地村民和投资者的利润分配比例，确保各方的经济利益❶。不可否认的是，企业凭借强大的

---

❶ 朱海英.企业参与乡村旅游扶贫的影响机制研究[J].商学研究，2017（1）：97-105.

资金、资源和管理经验进入贫困地区参与旅游开发，一定程度上给处于弱势地位的当地村民带来了负面影响，导致其利益受损。为了实现最终的"合作共赢"目标，企业应通过现金、实物、技术补偿等形式，以为村民增加就业岗位、加大对村民的上岗技能培训、确保村民的优先就业权、提高村民的就业收入、扶持村民创业等方式进行补偿。

五是增强企业的社会责任感，提升村民的公共福利水平。企业参与当地的旅游开发，不仅仅要获得利润，更多的要承担企业的社会责任，将一部分利润用于乡村公共基础设施的改造、乡村公共空间的营造、乡村学校的兴办、乡村环境的美化、贫困人口的扶持，切实增强村民的获得感，实现企业与当地村民的良性互动。

六是保障村民投资的收益。贫困人口享有的各种扶贫资金、土地流转租金、景区打工收入、扶贫贷款收入等，可以由企业依据相关法律法规，成立类似的贫困人口股权托管中心，将村民分散的资金集中交给托管中心统一管理，确认村民的资产入股份额，投入景区经营，企业每月付给村民分红，并负责偿还贷款。

7.3 提高贫困人口的内生能力

贫困人口既是脱贫攻坚的对象，更是连片特困地区乡村旅游开发与精准扶贫协同发展的战略主体。当地政府要将扶贫与扶智相结合，提高贫困人口的内源发展动力和自我发展能力。

一是加强教育引导，开展扶贫扶智行动。对贫困人口进行教育引导，用正反两方面的典型、多样的方式引导贫困人口主动摒弃陈规陋习、杜绝"坐地等穷"，力图从思想上"拔穷根"；坚持脱贫致富关键要靠自身勤奋努力，依靠科学技术致富、依靠法律法制解决问题；加大惠农政策宣传，充分发挥贫困人口的主体作用，用好、用活国家的扶持政策，争取早日脱贫。

第 7 章　乡村旅游开发与精准扶贫协同发展的政策建议

二是送课下乡，提升当地居民参与旅游的意识。 通过定期开设乡村旅游大讲堂、开展旅游扶贫公益活动等方式，送课下乡，让贫困地区居民认识到旅游发展对传统生计模式的改变，居民参与旅游业的方式和途径，旅游开发面临的障碍性因素和应对之策，调动居民参与旅游业的积极性和主动性。

三是分类对贫困人口进行旅游技能培训。 政府和企业联手，针对不同地区的劳动力状况，合作举行定期、非定期的培训活动，从知识、技能等方面对贫困人口进行教育培训，优化当地劳动力结构，从而实现劳动力的可持续发展。具体而言，"能力强、意愿高"的村民，旅游参与能力强、意愿高，是乡村旅游扶贫开发的重点培育对象。在旅游扶贫实践中，重点培训这类村民的市场开拓、旅游产品开发、旅游经营风险防控等能力，引导他们选择适宜的旅游经营项目，发挥其引领、示范带动作用，吸纳部分村民，促进产业结构的升级转型。"能力强、意愿低"的村民，自身参与旅游能力强，但参与的意愿低，要认真分析制约村民参与旅游的障碍性因素，采取相应的措施激励村民参与乡村旅游发展。"能力差、意愿高"的村民，自身缺乏旅游参与能力，但有很高的旅游参与意愿，应加大对其旅游服务意识培养和旅游经营技能的培训，提升其综合能力，鼓励他们从事农家乐经营、家庭旅馆经营、旅游商品销售等，与外来企业和旅游龙头企业形成错位经营。"能力差、意愿低"的村民，旅游参与能力缺乏，旅游参与意愿低，参与难度较大，可通过基本服务技能培训后在村寨、景区从事保安、检票、土特产品销售、保洁等工作，也可以通过旅游收益的二次分配享受乡村旅游开发成果，还可以考虑其他可替代的扶贫形式。

四是发挥贫困人口特长，提供专项旅游培训。 连片特困地区的贫困人口受教育程度较低，但他们拥有其他人所不具备的地方性知识和专项技能，如唱山歌、民族舞蹈、手工艺编织、刺绣、民族服装缝制等。当地政府可以根据贫困人口的特长，为他们提供专业的培训，有针对性地开发乡村旅游参与体验性项目以获得经济收入，增强摆脱贫困的动力。

7.4 本章小结

在延续路径设计的研究视角下,为确保连片特困地区乡村旅游开发与精准扶贫协同发展的顺利实施,本章从政府层面、企业层面、贫困人口层面提出了确保两者协同发展的政策建议。具体结论如下。

(1)连片特困地区依托自然人文旅游资源发展旅游业、打赢脱贫攻坚战是实现全面建成小康社会的重大任务,事关社会经济发展的全局。地方政府作为乡村旅游开发与精准扶贫协同发展的主导者和调控者,应当服务于扶贫开发和旅游发展的全局,建立部门联动机制、完善监管机制、落实考核考评机制、建立投资风险保障机制和产业发展的激励机制,为乡村旅游开发与精准扶贫的协同发展营造良好的制度环境。

(2)企业是参与旅游扶贫的主体,了解市场经济运行规律和消费者需求,可以补齐贫困地区在市场开拓、产品开发方面的短板;投资运营的项目促进当地产业发展,为贫困人口提供了更多的就业机会和收入来源,带动地方经济的发展;营销宣传和商业品牌的推广,有利于帮助贫困地区与外界建立联系,构建利益协同机制和利益补偿机制,保障村民资金投资的收益,为贫困人口提供可持续生计来源,实现乡村旅游开发、地区经济发展的无缝对接,成为连片特困地区旅游扶贫力量的有益补充。

(3)贫困人口是乡村旅游开发与精准扶贫协同发展战略的主体。当地政府应加强对贫困人口的教育引导,开展扶贫扶智、送课下乡活动,提升当地居民参与旅游的意识、分类对贫困人口进行旅游技能培训、发挥贫困人口特长,提供专项旅游培训等,从而增强贫困人口的内源发展动力和提升自我发展能力。

第 8 章 结　语

8.1　主要结论

本书通过重庆武陵山片区抽样调查数据和政府部门的宏观统计数据，采用理论分析、描述性分析、因子分析及案例分析等多种方法，坚持统筹发展，突破传统思维，探讨了连片特困地区乡村旅游开发与精准扶贫的协同路径，形成了有价值的研究结论。主要包括以下几个方面。

8.1.1　特困地区以人文资源为载体实施乡村旅游开发和精准扶贫具有先天优势

连片特困地区由于地处偏远、交通不便、自然资源和文化资源受外界干扰较少，从而保持了高档次、异质性的优势。丰富的人文旅游资源，不仅是中华民族优秀传统文化的精神家园，也是贫困地区精准扶贫的重要载体。

旅游业具有带动性强、关联性广等产业优势，在对贫困地区经济的带动、贫困人口就业增收的促进方面扮演着越来越重要的角色，被世界公认为反贫困最有效的途径之一；各地政府纷纷选择旅游业作为其经济发展的支柱产业，把发展旅游业作为脱贫奔康的首要动力。国家民族事务委员会 2012 年印发的《少数民族特色村寨保护与发展规划纲要（2011—2015 年）》，也强调连片特困地区要"大力发展民族特色旅游业"。因此，贫困、异质性的旅游资源、特困地区三者之间在地理空间上具有重合性,从而使连片特困地区的乡村旅游开发与精准扶贫之间存在交集和契合点。

激励村民参与连片特困地区的乡村旅游开发,找到本土文化的价值与潜在经济利益并享受旅游开发的成果,解决村民的可持续生计问题,增强村民的文化认同感和自豪感,吸引外出打工的青年劳动力回流,逐渐形成文化遗产保护的有效渠道和特色优势产业,为贫困人口打开脱贫奔康大门的同时,发挥着巨大的减贫功能。研究连片特困地区乡村旅游开发与精准扶贫协同发展,在一定程度上为特困地区贫困人口的受益与发展开辟了新路径。

8.1.2 乡村旅游开发系统与精准扶贫系统具有协同性

1. 精准扶贫是一个动态有机的系统

一方面,系统内部贫困人口精准识别、精准帮扶、精准管理三要素相互影响、相互作用,共同指向旅游精准扶贫"扶真贫""真扶贫"目标的实现。另一方面,系统内部要素会随着外界环境的变化相应调整。社会经济的发展、旅游发展所处的不同阶段、贫困人口自身能力的变化、扶贫进程的不断推进,都会使贫困人口的精准识别、精准帮扶、精准管理措施和考核标准发生改变。因此,精准扶贫系统受到内外部环境因素的影响,不断调整、不断适应,以保持动态平衡的状态。

2. 乡村旅游开发是一个动态有机的系统

旅游活动是一个复杂、开放的系统。旅游者通过交通工具实现从常住地到旅游目的地的空间转移,在旅游目的地开展吃、住、行、游、购、娱等多种体验性的综合活动。六要素之间相互影响、相互制约,形成了一个动态的有机整体。同时,旅游目的地系统包含的旅游吸引物、旅游设施和旅游服务三要素也形成良性互动:旅游吸引物是基础,旅游设施是保障,旅游服务是核心，挖掘资源内涵、保障服务供给、增强服务体验，不断提高对旅游者的吸引力，推动三个要素之间相互影响、良性循环和有机互动。

3. 乡村旅游开发系统与精准扶贫系统具有显著的协同性

（1）精准扶贫系统借助旅游发展的"外源性系统"强大的推动力，带动人流、物流、资金流注入连片特困地区，打破贫困地区原有的近平衡状态，促使贫困地区内部系统进行整合和调整，带来当地经济的复兴和村民的回流。两者相互促进、协同推进，朝着共同的目标——当地村民的受益与发展呈现正相关的连续上升螺旋，产生 1+1＞2 的协同效应。在这个螺旋式不断上升的过程中，精准扶贫带来的产业溢出效应在不断协同发展的过程中对其他相关产业的发展也起到了带动关联、深度融合的催化剂作用。

（2）乡村旅游开发可以摆脱连片特困地区在非农经济时代缺少产业的现实制约，通过精准扶贫开发的介入，借助外源性力量和手段，带动内源性发展，形成相互协调、共享共赢的良性动力机制，引领村民充分利用村寨生态、文化等资源要素，在城乡要素互动中，培养经济上的自我发展能力，开辟乡村旅游开发与精准扶贫协同发展的新路径，推动连片特困地区旅游的可持续发展。

8.1.3 特困地区乡村旅游开发与精准扶贫协同发展水平较低，受多种因素影响

（1）构建乡村旅游开发与精准扶贫协同发展的指标体系，基于当地村民感知的视角，从经济协同、社会文化协同、环境协同等维度，构建连片特困地区乡村旅游开发与精准扶贫协同发展评价指标体系准则层，并设置了 21 个操作层指标。

（2）运用熵值法确定旅游系统和精准扶贫系统各项指标权重，利用综合发展水平函数来衡量两大系统的发展水平。研究表明，重庆武陵山片区各区

（县）乡村旅游开发与精准扶贫协同发展水平均较低，旅游发展与精准扶贫发展存在协同关系，但乡村旅游发展的水平略领先于精准扶贫发展的水平。村民对经济协同的感知最强烈，对精准扶贫的效益评价存在差异。

（3）连片特困地区乡村旅游开发与精准扶贫的协同发展，正面的社会效应、环境效应和经济效应因子对乡村旅游开发与精准扶贫的协同发展起着促进作用，负面的社会和环境效应因子会抑制乡村旅游开发与精准扶贫的协同发展，降低精准扶贫的满意度。

8.1.4　连片特困地区乡村旅游开发与精准扶贫的协同路径设计，应体现"中国特色"和"地域特色"

（1）贫困人口的受益与发展，是实现乡村旅游开发与精准扶贫协同发展的基础，本地旅游产业体系的构建是两者协同发展的核心，多元主体协同机制的建立是两者协同发展的保障。

（2）基于圈层结构理论，设计连片特困地区乡村旅游开发与精准扶贫的协同路径。其中，内圈层是旅游开发核心区，也是以政企合作模式为主进行旅游开发的直接受益地区。要充分利用旅游产业集群规模，形成集聚效应，发挥中心辐射功能。贫困人口主要受益于旅游产业集群的核心部门。

中间圈层是旅游开发边缘区，也是以战略联合模式为主进行旅游开发的直接带动地区。中间圈层既要加强与核心区的合作，形成副中心功能，又要借助共享资源，发挥本地产业优势。贫困人口主要受益于旅游产业集群的配套延伸部门。

外圈层是旅游开发影响区，也是以休闲农业与乡村旅游模式为主进行旅游开发的间接带动地区。要充分利用核心区产业集群的"中心—外围"化过程，发展"旅游+"的复合型产业，发挥服务功能，注重市场补缺。贫困人口主要受益于旅游产业集群边界的服务部门和利基市场。

8.2 研究展望

由于时间、精力和篇幅的限制，本项目还有一些值得进一步深入研究的地方，可以在今后的研究中逐步完善，主要包括以下几方面。

一是扩大研究的领域。 本书主要针对重庆武陵山片区的乡村旅游开发与精准扶贫的协同发展进行了深入探讨，后续研究可以就该区域的乡村旅游开发与精准扶贫做跟踪式研究，也可以扩大研究领域，对深度贫困区（西藏、新疆南疆四地州、云南藏区、云南怒江傈僳族自治州、甘肃临夏回族自治州和四川凉山彝族自治州，简称"三区三州"）的乡村旅游开发与精准脱贫、巩固脱贫攻坚成果的路径设计进行个案研究和对比研究，增强乡村旅游开发和精准扶贫协同发展路径研究的普适性。

二是改进量表的计量尺度。 后续研究可以借鉴国外对旅游扶贫开发量表的指标设计，结合我国连片特困地区乡村旅游扶贫开发的实践，改进量表计量尺度，在问卷中增加更细致、更有针对性的问题，增强量表的可靠性和数据鉴别的有效性。

三是改进研究方法。 本书对连片特困地区乡村旅游开发与精准扶贫协同发展的现状分析还停留在截面数据的定量分析阶段。后续研究争取对调研样本进行追踪调查，形成面板数据，从而进行系统、深入的实证研究。

参考文献

一、英文部分

[1] Ashley C, Boyd C, Goodwin H. Pro-poor Tourism: Putting Poverty at the Heart of the Tourism Agenda[R]. London: Overseas Development Institute (ODI), 2000: 1-6.

[2] Anna Spenceley, Jennifer Seif. Strategies, Impacts and Costs of Pro-poor Tourism Approaches in South Africa[Z]. PPT Workingpaper No.11, 2003: 9-11.

[3] Blake A, Arbache J S, Sinclair M T, et al. Tourism and Poverty Relief[J]. Annals of Tourism Research, 2008, 35 (1): 107-126.

[4] Butler R, Curran R, O'Gorman K D. Pro-poor Tourism in a First World Urban Setting: Case Study of Glasgow Govan[J]. International Journal of Tourism Research, 2013, 15 (5): 443-457.

[5] Brewer J. Tourism and Ethnic Stereotypes: Variations in a Mexican Town[J]. Annals of Tourism Research, 1984, 11 (1): 487-495.

[6] Bennett O, Ashley C, Roe D. Sustainable Tourism and Poverty Elimination Study: A Report to the Department for International Development[R]. New York: Deloitte & Touche, 1999: 2-3.

[7] Bird K, Shepherd A. Livelihoods and Chronic Poverty in Semiarid Zimbabwe[J].World Development, 2003, 31 (3): 591-610.

[8] Chris R. Jeremy H. Tourists and Aboriginal People. Annals of Tourism

Research [J]. 2002, 29 (3): 631-647.

[9] Christian M Rogerson. Pro-poor Local Economic Development in South Africa: The Role of Pro-poor Tourism[J]. Local Environment, 2006, 11 (1): 37-60.

[10] Caroline Ashley, Dilys Roe, Harold Goodwin. Pro-poor Tourism Strategies: Marking Tourism Work for the Poor[Z]. ODI, IIED, and CRT, 2001.

[11] Cochrane J. Tourism and Conservation in Bromo Tengger Semeru National Park, East Java[Z]. Hull: University of Hull Mountain-Forum Online Library Document, 1997.

[12] Cater E. Environmental Contradictions in Sustainable Tourism. The Geographical Journal[J]. 1995, 161 (1): 21-28.

[13] Croall J. Preserve or Destroy: Tourism and Environment[M]. London: Calouste Gulbenkian Foundation, 1995.

[14] Clemens R L. Keeping Farmers on the Land: Adding Value in Agriculture in the Venetoregion of Italy [J]. Midwest Agribusiness Trade Researchand Information Center, 2004 (9): 1-24.

[15] Dyer P, Aberdeen L, Schuler S. Tourism Impacts on an Australian Indigenous Community: A Djabugay Case Study [J]. Tourism Management, 2003, 24 (1), 83-95.

[16] Denman R, Denman J. Tourism and Poverty Alleviation: Recommendations for Action[R]. Madrid: World Tourism Organization, 2004: 7-8.

[17] Dixon J K. Hamilton S, Pagiola, L Segnestam. Tourism and the Environment in the Caribbean: An Economic Framework [J]. The World Bank Environment Department, Environmental Economics Series, 2011 (80): 1-48.

[18] Daimon T. The Spatial Dimension of Welfare and Poverty: Les sons From a Regional Targeting Programme in Indonesia [J]. Asian Economic Journal,

2001, 15 (4): 345–367.

[19] Esman M. Tourism as Ethnic Preservation: The Cajuns of Louisiana[J]. Annals of Tourism Research, 1984 (11): 451–468.

[20] Font X, Tribe J. Forest Tourism and Recreation[M]. Wallingford: CABI Publishing, 2000.

[21] Ferrari S, Faenza P. The Rediscovery of an Ancient Community Eventina Language Minority Village: The Case of Bova [J]. Managingand Developing Communities, Festivals and Events, 2016: 135–147.

[22] Fair Tradein Tourism South Africa (FTTSA) Strategic Analysis and Business Plan March 2005 to February 2008 (3years) p.9/2006-04-23.

[23] Fabio Maria Santucci. Agritourism for Rural Developmentin Italy, Evolution, Situationand Perspectives[J]. British Journal of Economics, Management & Trade, 2013, 3 (3): 186–200.

[24] Gascón J. Pro-poor Tourism as a Strategy to Fight Rural Poverty: A Critique[J]. Journal of Agrarian Change, 2015, 15 (4): 499–518.

[25] Graburn N, et al. Ethnic and Tourist Arts: Cultural Expressions From the Fourth World [M]. Berkeley and Los Angeles: University of California Press, 1976.

[26] Gurung H. Environmental Management of Mountain Tourism in Nepal [Z]. Report on Study Conducted for Economic Social Commission for the Asia and the Pacific (ESCAP), Bangkok, New York: United Nations (ST/ESCAP/959), 1991.

[27] Geoffrey Manyara, Eleri Jones. Community—Based Tourism Enterprises Development in Kenya: An Exploration of their Potential as Avenues of Poverty Reduction[J]. Journal of Sustainable Tourism, 2007, 15 (6): 628–644.

[28] Holden A, Sonne J, Novelli M. Tourism and Poverty Reduction: An Interpretation by the Poor of Elmina, Ghana[J].Tourism Planning & Development, 2011, 8 (3): 317–334.

[29] Hampton M P. Heritage, Local Communities and Economic Development[J]. Annals of Tourism Research, 2005, 32 (3): 735–759.

[30] Iorio M, Wall G. Behind the Masks: Tourism and Community in Sardinia[J].Tourism Management, 2012, 33 (6): 1440–1449.

[31] Jenny Briedenhann, Eugenia Wickens. Tourism Routes as a Tool for the Economic Development of Rural Areas–Vibrant Hope or Impossible Dream? [J]. Tourism Management, 2004 (25): 71–79.

[32] Jeremy B, Debra G. Facilitating the Development of Australian Indigenous on Rismenterprises: The Business Ready Program for Indigenous Tourism[J]. Tourism Management Perspectives, 2013 (5): 41–50.

[33] Jeremy B, David B. The Mining Sector and in Digenous Tourism Development in Weipa, Queensland[J]. Tourism Management, 2010 (31): 597–606.

[34] Katia Laura Sidali. A Sideways Look at Farm Tourism in Germany and in Italy[M]. Food, Agriculture and Tourism: Linking Local Gastronomy and Rural Tourism: Interdisciplinary Perspectives, 2011.

[35] Lupi C, Giaccio V, Mastronardi L, et al. Exploring the Features of Agritourism and its Contribution Torural Development in Italy[J]. Land Use Policy, 2017 (64): 383–390.

[36] Lisa R, Michelle W, Charlee M. Indigenous Tourism in Australia: Time for Areality Check [J].Tourism Management, 2015 (48): 73–83.

[37] Luigi Biocca Nicolò Paraciani. Accessibility and Heritage in the Tourism Perspective: Some Minor Case Studies from Italy[J]. Journal of Heritage Tourism, 2011, 6 (1): 1–15.

[38] Muganda M, Sahli M, Smith K A. Tourism's Contribution to Poverty Alleviation: A community Perspective from Tanzania[J]. Development Southern Africa, 2010 (27): 629–646.

[39] Mograbi J, Rogerson C M. Maximizing the Local Pro-poor Impacts of Dive Tourism: Sodwana Bay, South Africa[J]. Urban Forum, 2007, 18 (2): 85–104.

[40] Manyara G, Jones E. Community-Based Tourism Enterprises Development in Kenya: An Exploration of Their Potential as Avenues of Poverty Reduction[J]. Journal of Sustainable Tourism, 2007, 15 (6): 628–644.

[41] Mathiseon A, GWall. Tourism: Economic, Physical and Social Impacts [M]. New York: Longman Inc, 1982.

[42] Mitchell J, Ashley C. Tourism and Poverty Reduction: Pathways to Prosperity[M]. London: The Cromwell Press Group, 2010.

[43] Meyer D. Pro-poor Tourism–Can Tourism Contribute to Poverty Reduction In less Economically Developed Countries[A]. Cloles, Morgann. Tourism and Inequality: Problems and Prospect[C]. ODI, 2010. 164–182.

[44] Meyer D. Pro-poor Tourism: Is There Actually Much Rhetoric? And, If So, Whose?[J]. Tourism Recreation Research, 2009, 34 (2): 197–199.

[45] Notaro S, Paletto A, Piffer M.Tourism in Novation in the Forestry Sector: Comparative Analysis between Auckland Region (New Zealand) and Trentino (Italy) [J]. iForest-Biogeosciences and Forestry, 2012, 5 (5): 262–271.

[46] Oake T. Tourism and Modernity in China [M]. London; New York: Routledge, 1998.

[47] Polladach Theerapappisit. Pro-poor Ethnic Tourismin the Mekong: A Study of Three Approaches in the Northern Thailand[J]. Asia Pacific Journal of Tourism Research, 2009, 14 (2): 200–221.

[48] Paul Brunt, Paul Courtney. Host Perceptions of Sociocultural Impacts[J]. Annals of Tourism Research, 1999, 26 (3): 493-515.

[49] Roe D, Goodwin H, Ashley C. The Tourism Industry and Poverty Reduction: A Business Primer[R]. Pro-Poor Tourism Briefing, Centre for Responsible Tourism (CRT), International Institute for Environment and Development (IIED), Overseas Development Institute (ODI), 2002.

[50] Regina Scheyvens, Janet H Momsen. Tourism and Poverty Reduction: Issues for Small Island States[J]. Tourism Geographies, 2008, 10 (1): 22-41.

[51] Ross, G F. Resident Perception of the Impact of Tourism on An Australian City [J]. Journal of Travel Research, 1992, 30 (3): 13-19.

[52] Scheyvens R. Tourism and Poverty[M]. London, New York: Routledge, 2011.

[53] Sofield T, De Lacy T, Lipman G, et al. Sustainable Tourism-Eliminating Poverty (ST-EP): An Overview[M]. Gold Coast: Sustainable Tourism CRC, 2004.

[54] Shah K. Tourism, The Poor and other Stakeholders: Asian Experience [Z]. ODI Fair-Trade in Tourism Paper, London: ODI, 2000.

[55] Smith V, et al. Hosts and Guests: The Anthropology of Tourism (2nd ed.) [M]. Philadelphia: University of Pennsylvania Press, 1989.

[56] Saayman M, Rossouw R, Krugell W. The Impact of Tourism on Poverty in South Africa[J]. Development Southern Africa, 2012, 29 (3): 462-487.

[57] Trinidad E A, Martin F, Min J. Domestic Demand for Indigenous Tourism in Australia: Under standing Intention Toparticipate[J]. Journal of Sustainable Tourism, 2016, 24 (8-9): 1350-1368.

[58] Truong V D, Hall C M, Garry T. Tourism and Poverty Alleviation: Perceptions and Experiences of Poor People in Sapa, Vietnam[J]. Journal of Sustainable Tourism, 2014, 22 (7): 1071-1089.

[59] Woodward D, Simms A, Murphy M. Growth Isn't Working: The Unbalanced Distribution of Benefits and Costs from Economic Growth[R]. London: New Economics Foundation, 2006: 32.

[60] Walpole J M, Goodwin J H. Local Economic Impacts of Dragon Tourism in Indonesia [J]. Annals of Tourism Research, 2000, 27 (3): 136–147.

[61] Willinson P F, Pratiwi W. Gender and Tourism in an Indonesian Village [J]. Annals of Tourism Research, 1995, 22 (2): 283–299.

[62] Wall G. Rethinking Impacts of Tourism[J]. Progress in Tourism and Hospitality Research, 1996 (2): 207–215.

[63] Wall G. Perspectives on Tourism in Selected Balinese Villages [J]. Annals of Tourism Research. 1996, 23 (1): 123–137.

[64] Winter P, Corral L, Mora A M. Assessing the Role of Tourism in Poverty Alleviation: A Research Agenda [J]. Development Policy Review, 2013.

[65] Yim King Penny Wan, Xiangping Li. Sustain Ability of Tourism Development in Macao, China [J]. International Journal of Tourism Research, 2013, 15 (1): 268–282.

[66] Zapata M J, Hall C M, Lindo P, et al. Can Community Based Tourism Contribute to Development and Poverty Alleviation? Lessons from Nicaragua [J]. Current Issues in Tourism, 2011, 14 (8): 725–749.

二、中文部分

（一）图书类

[1] 国家统计局住户调查办公室. 中国农村贫困监测报告 2018[M]. 北京：中国统计出版社，2018.

[2] 李金早. 当代旅游学[M]. 北京：商务印书馆，中国旅游出版社，2018.

[3] 林源源. 区域旅游产业经济绩效及其影响因素研究[M]. 南京：东南大学

出版社，2013.

[4] 孙九霞. 传承与变迁：旅游中的族群与文化[M]. 北京：商务印书馆，2012.

[5] 吴殿廷. 区域经济学[M]. 北京：科学出版社，2003.

[6] 吴其付. 民族旅游与文化认同:以羌族为例[M]. 北京:人民出版社,2015.

[7] 王汝辉. 民族村寨社区参与旅游制度与传统文化保护比较研究[M]. 北京：人民出版社，2012.

[8] 谢彦君. 旅游研究方法[M]. 北京：中国旅游出版社，2018.

[9] 萧浩辉. 决策科学辞典[M]. 北京：人民出版社，1995.

[10] 张俐俐，蔡力平，等，编译. 旅游学[M]. 3 版. 北京：高等教育出版社，2007.

[11] 张鹏顺. 旅游产业集群形成与发展机制研究[M]. 合肥：合肥工业大学出版社，2011.

（二）论文类

[1] 艾菊红. 文化生态旅游的社区参与和传统文化保护与发展——云南三个傣族文化生态旅游村的比较研究[J]. 民族研究，2007（04）：49-58，108-109.

[2] 陈巧，周燕芳，张传统. 对西部贫困地区旅游开发带来的环境问题的思考[J]. 内蒙古科技与经济，2006（17）：10-12.

[3] 常慧丽. 生态经济脆弱区旅游开发扶贫效应感知分析——以甘肃甘南藏族自治州为例[J]. 干旱区资源与环境，2007，21（10）：125-130.

[4] 陈乾. 陕西袁家村居民旅游影响感知研究[D]. 西安：长安大学，2015.

[5] 豆书龙，叶敬忠. 乡村振兴与脱贫攻坚的有机衔接及其机制构建[J]. 改革，2019（01）：19-29.

[6] 邓小海. 旅游精准扶贫研究[D]. 昆明：云南大学，2015.

[7] 邓小海，曾亮，肖洪磊. 我国扶贫旅游产业链优化研究[J]. 世界地理研

究，2015，24（03）：167-175.

[8] 丁焕峰.国内旅游扶贫研究述评[J].旅游学刊，2004，19（3）：32-36.

[9] 段会利.结合日本经验论我国乡村观光旅游产业的发展策略[J].农业经济，2017（09）：35-37.

[10] 高翔.近十五年来旅游环境影响研究综述——基于国内旅游期刊的统计分析[J].广西广播电视大学学报，2016，27（4）：79-83.

[11] 高文智.旅游圈层结构理论对城郊乡村旅游开发模式的借鉴与启示[J].农业经济，2016（3）：53-55.

[12] 葛志军，邢成举.精准扶贫：内涵、实践困境及其原因阐释[J].贵州社会科学，2015（5）：157-163.

[13] 郭舒.基于产业链视角的旅游扶贫效应研究方法[J].旅游学刊，2015，30（11）：31-39.

[14] 高伟.广西旧县村保护与复兴策略研究[D].广州：华南理工大学，2009.

[15] 冯伟林，李诗冰.旅游扶贫中贫困人口的受益机制构建——以重庆武陵山片区为例[J].江苏农业科学，2018，46（22）：333-336.

[16] 何景明，李辉霞，何毓成，等.四川少数民族自治区域旅游开发与贫困缓解[J].山地学报，2003，21（4）：442-448.

[17] 何景明.边远贫困地区民族村寨旅游发展的省思——以贵州西江千户苗寨为中心的考察[J].旅游学刊，2010，25（02）：59-65.

[18] 何仁伟，李光勤，刘邵权，等.可持续生计视角下中国农村贫困治理研究综述[J].中国人口·资源与环境，2017，27（11）：69-85.

[19] 何悦.渝东南旅游业的可持续发展——以彭水县为例[J].重庆工商大学学报（自然科学版），2015，32（6）：98-102.

[20] 韩剑磊，明庆忠.旅游流与区域经济协同发展时空分异研究——来自云南省的案例[J].四川旅游学院学报，2019，（1）：58-65.

[21] 贺东航，牛宗岭.精准扶贫成效的区域比较研究[J].中共福建省委党校

学报，2015（11）：58-65.

[22] 黄承伟，覃志敏. 论精准扶贫与国家扶贫治理体系建构[J]. 中国延安干部学院学报，2015，8（01）：131-136.

[23] 黄国庆. 国内旅游扶贫研究综述[J]. 安徽农业科学，2013，41（13）：5821-5824.

[24] 黄国庆，谢鹏飞. 关注连片贫困区居民的旅游受益[N]. 光明日报，2014-5-25.

[25] 黄国庆. 重庆三峡库区生态旅游扶贫模式研究[M]. 北京：中国财政经济出版社，2019.

[26] 胡静，贾垚焱，李亚娟，等. 西南民族旅游地自助游发展水平与交通可达性的耦合研究——以黔东南州为例[J]. 华中师范大学学报（自然科学版），2019，53（1）：154-164.

[27] 胡明文，王小琴. 生态旅游扶贫开发的多元主体协同机制探讨——以兴国县天鹅湖社区为例[J]. 江西农业大学学报（社会科学版），2010，9（04）：43-46，90.

[28] 贾瑞光，栾桂芝，谢光. 武陵山区少数民族体育生态文化旅游发展现状及其优势[J]. 大连民族学院学报，2014（7）：430-432.

[29] 蒋敬. 日本乡村旅游发展对我国的借鉴意义[J]. 中小企业管理与科技（下旬刊），2013（01）：176-177.

[30] 孔祥利，夏金梅. 乡村振兴战略与农村三产融合发展的价值逻辑关联及协同路径选择[J]. 西北大学学报（哲学社会科学版），2019，49（02）：10-18.

[31] 康爽，杨霞，鄢继尧，等. 四川省南充市旅游业发展与新型城镇化耦合关系研究[J]. 科技和产业，2019，19（8）：1-7.

[32] 李燕琴. 旅游扶贫中社区居民态度的分异与主要矛盾——以中俄边境村落室韦为例[J]. 地理研究，2011，30（11）：2030-2042.

[33] 李佳, 钟林生, 成升魁. 民族贫困地区居民对旅游扶贫效应的感知和参与行为研究——以青海省三江源地区为例[J]. 旅游学刊, 2009, 24 (08): 71–76.

[34] 良警宇. 旅游开发与民族文化和生态环境的保护: 水满村的事例[J]. 广西民族学院学报(哲学社会科学版), 2005, 27 (1): 54–58.

[35] 林红. 对"旅游扶贫"论的思考——建议西部旅游开发[J]. 北京第二外国语学院学报, 2000 (5): 73–77.

[36] 罗庆, 李小建. 国外农村贫困地理研究进展[J]. 经济地理, 2014 (6): 1–8.

[37] 陆五一, 李祎雯, 倪佳伟. 关于可持续生计研究的文献综述[J]. 集体经济, 2011 (1): 83–84.

[38] 郭舒. 基于产业链视角的旅游扶贫效应研究方法[J]. 旅游学刊, 2015, 30 (11): 31–39.

[39] 刘解龙. 经济新常态中的精准扶贫理论与机制创新[J]. 湖南社会科学, 2015 (4): 63–67.

[40] 刘韫. 乡村旅游对民族社区女性的影响研究——四川甲居藏寨的调研[J]. 青海民族研究, 2007 (4): 30–33.

[41] 刘旺, 吴雪. 少数民族地区社区旅游参与的微观机制研究——以丹巴县甲居藏寨为例[J]. 四川师范大学学报(社科版), 2008 (2): 140–144.

[42] 刘钰佳. 基于财政扶持视角下的武陵山片区旅游扶贫对策研究[J]. 农业经济与科技, 2015 (1): 142–144.

[43] 刘小鹏, 苏晓芳, 王亚娟, 等. 空间贫困研究及其对我国贫困地理研究的启示[J]. 干旱区地理, 2014 (1): 144–152.

[44] 刘刚. 从日本山村旅游开发看云南的旅游化[J]. 民族工作, 1996 (02): 23–25.

[45] 刘雨婧, 唐健雄, 麻学锋. 连片特困区旅游城镇化时空格局演化及模式

研究——以湖南境内武陵山片区为例[J]. 经济地理，2019，39（10）：214-222，230.

[46] 李耀锋. 需求、资源与能力：旅游开发致贫效应的机理分析——基于赣琼两个旅游村的实地调研[J]. 学术论坛，2015，38（10）：116-123.

[47] 李星明，赵良艺. 旅游者对发展中国家的旅游地社会文化影响研究[J]. 华中师范大学学报：自然科学版，2002，36（2）：254-256.

[48] 李子明，路幸福，邓洪波，等. 旅游发展对泸沽湖地区居民生产生活方式的影响研究[J]. 资源开发与市场，2014，30（6）：740-744.

[49] 李莉. 基于贫困人口受益的旅游开发与旅游扶贫协同机制构建[J]. 商业经济研究，2015（19）：103-104.

[50] 刘筱筱. 旅游扶贫的经济风险及应对策略探析[J]. 商业经济，2006，（12）：86-92.

[51] 马振耀. 协同论视角下行为组织绩效系统演化机制与模拟仿真[J]. 统计与决策，2018，34（19）：178-181.

[52] 马晓京. 民族旅游开发与民族传统文化保护的再认识[J]. 广西民族研究，2002（4）：77-83.

[53] 潘旭明，吴雪晖. 比较优势、圈层结构与成渝经济区的协调发展[J]. 宏观经济研究，2011（08）：72-79.

[54] 孙九霞，马涛. 旅游对目的地社会文化影响研究新进展与框架[J]. 求索，2009（06）：72-74.

[55] 孙志国. 武陵山片区旅游名镇名村打造与乡村旅游扶贫开发研究[J]. 安徽农业科学，2012（10）：17181-17183.

[56] 粟娟. 武陵源旅游扶贫效益测评及其优化[J]. 商业研究，2009（9）：205-208.

[57] 史玉丁，李建军. 乡村旅游多功能发展与农村可持续生计协同研究[J]. 旅游学刊，2018，33（2）：15-26.

[58] 田敏,等. 民族旅游开发与民族村寨文化保护及传承比较研究——基于贵州、湖北两省三个民族旅游村寨的田野调查[J]. 广西民族大学学报(哲学社会科学版),2012,34(5):88–94.

[59] 田敏. 民族社区社会文化变迁的旅游效应再认识[J]. 中南民族大学学报:人文社会科学版,2003(5):40–44.

[60] 田翠翠,刘黎黎,田世政. 重庆高山纳凉村旅游精准扶贫效应评价指数模型[J]. 资源开发与市场,2016,32(12):1436–1440.

[61] 汤建容,何悦. 渝东南民族地区旅游资源档案整理与研究[J]. 兰台世界,2013(26):84–85.

[62] 唐雪琼,钱俊希,陈岚雪. 旅游影响下少数民族节日的文化适应与重构——基于哈尼族长街宴演变的分析[J]. 地理研究,2011,30(5):835–844.

[63] 唐克敏,袁本华. 乡村旅游与新农村建设协同发展指标体系初探[J]. 安徽农业科学,2008,36(6):2439–2400.

[64] 王思铁. 精准扶贫:改"漫灌"为"滴灌"[J]. 四川党的建设(农村版),2014(4):14–15.

[65] 王金凤. 宁夏西吉县空间贫困及其分异机制研究[D]. 银川:宁夏大学,2013.

[66] 王兰. 民族旅游对少数民族妇女的影响——以云南为例[J]. 经济师,2006(3):118–120.

[67] 王颖. 中国农村贫困地区旅游扶贫PPT战略研究[D]. 上海:上海社会科学院,2006.

[68] 王颖. 南非负责任旅游的兴起及其意义[J]. 世界地理研究,2008,(01):132–136,143.

[69] 王超,郑向敏. 论我国包容性旅游的发展[J]. 重庆理工大学学报(哲学社会科学版),2012(9):39–43.

[70] 王超. 包容性视角下贵州少数民族地区旅游开发模式研究[D]. 泉州：华侨大学，2014.

[71] 王纯阳，屈海林. 村落遗产地社区居民旅游发展态度的影响因素[J]. 地理学报，2014，69（2）：278-288.

[72] 王志标. 武陵山片区旅游扶贫效果分析[J]. 中国农业资源与区划，2019，40（08）：122-132.

[73] 王美钰，吴忠军，侯玉霞. 广西少数民族特色村寨生态旅游扶贫与乡村振兴路径研究[J]. 广西广播电视大学学报，2019，30（01）：52-55.

[74] 王凯，王梦晗，甘畅，等. 武陵山片区旅游扶贫效率网络结构演化及其驱动机制[J]. 山地学报，2019，37（04）：589-601.

[75] 王孔敬. 武陵山片区实施PPT旅游发展战略研究[J]. 贵州民族研究，2015，36（06）：144-147.

[76] 汪三贵，郭子豪. 论中国的精准扶贫[J]. 贵州社会科学，2015（5）：147-150.

[77] 吴必虎. 旅游系统：对旅游活动与旅游科学的一种解释[J]. 旅游学刊，1998（1）：21-25.

[78] 吴必虎，徐小波. 传统村落与旅游活化：学理与法理分析[J]. 扬州大学学报（人文社会科学版），2017，21（1）：5-21.

[79] 吴祖梅. 非政府组织参与民族地区旅游产业的探索与创新[J]. 贵州民族研究，2014，10（35）：157-160.

[80] 吴小波，曾铮. "圈层"经济结构和我国区域经济协调发展——基于经济地理学产业集聚理论的分析框架[J]. 产业经济研究，2007（02）：47-56.

[81] 吴悦芳，徐红罡. 大理古城旅游房地产的发展及社会文化影响研究[J]. 人文地理，2010，（4）：102-114.

[82] 吴雄周，丁建军. 精准扶贫：单维瞄准向多维瞄准的嬗变——兼析湘西州十八洞村扶贫调查[J]. 湖南社会科学，2015（6）：162-166.

[83] 汪章飞. 武陵山集中连片贫困地区旅游扶贫发展分析——以重庆武隆为例[J]. 重庆与世界, 2013（3）: 12–14.

[84] 许建. 全面建设小康社会背景下的武陵山区旅游业开发[J]. 商业研究, 2006（4）: 141–144.

[85] 熊正贤, 吴黎围. 进程与展望: 武陵山片区旅游发展 30 年[J]. 长江师范学院学报, 2016, 32（3）: 45–55.

[86] 寻舸. 基于自组织理论的武陵山片区的扶贫开发机制[J]. 经济地理, 2013, 33（2）: 146–150, 167.

[87] 杨振之, 胡海霞. 关于旅游真实性问题的批判[J]. 旅游学刊, 2011（12）: 78–83.

[88] 杨振之. 城乡统筹下农业产业与乡村旅游的融合发展[J]. 旅游学刊, 2011（10）: 10–11.

[89] 杨华. 日本乡村旅游发展研究[J]. 世界农业, 2015（07）: 158–161.

[90] 杨慧. 民族旅游与族群认同、传统文化复兴及重建——云南民族旅游开发中的"族群"及其应用泛化的检讨[J]. 思想战线, 2003（01）: 41–44, 79.

[91] 杨艳. 旅游发展对民族地区传统文化复兴的影响思考——以湖南省湘西凤凰县为例[J]. 怀化学院学报, 2011, 30（10）: 20–21.

[92] 杨丽, 龙茂兴. 武陵山片区旅游业内生发展能力建设及其多维减贫机制创新研究[J]. 贵州师范大学学报（社会科学版）, 2019（04）: 61–69.

[93] 杨静凤, 黄燕玲. 可持续生计研究演化及其在贫困治理中的应用前景[J]. 天津农业科学, 2019, 25（09）: 56–62.

[94] 银马华, 王群, 杨兴柱, 等. 区域旅游扶贫类型与模式研究——以大别山集中连片特困区 36 个县（市）为例[J]. 经济地理, 2018, 38（04）: 215–224.

[95] 姚元和. 板夹溪十三寨区域性整体保护发展模式研究[J]. 长江师范学院

学报，2017，33（02）：43-48，142.

[96] 赵捷. 云南旅游业中的民族妇女角色分析[J]. 云南民族学院学报，1994（2）：65-69.

[97] 赵翠. 民族地区社区参与型旅游反贫困的研究——以张家界武陵源区为例[J]. 中国商贸，2013（4）：125-126.

[98] 张晓萍，李芳，王尧，等. 从经济资本到文化资本和社会资本——对民族旅游文化商品化的再认识[J]. 旅游研究，2009，1（01）：13-19.

[99] 周阳月. 文化生态学视阈下传统村落复兴动力与路径研究[A]. 2016中国城市规划学会，2016.

[100] 周欣雨. 美丽乡村建设与山地乡村聚落旅游协同发展研究——以重庆凤来乡为例[D]. 重庆：重庆师范大学，2016.

[101] 张波. 论旅游对接待地社会文化的积极影响——以云南丽江为例[J]. 云南民族大学学报（哲学社会科学版），2004，21（4）：68-71.

[102] 章磊，阎伍玖，刘惠兰. 试论古村落旅游地开发的社会文化影响——以西递、宏村为例[J]. 安徽农学通报，2007，13（23）：11-13.

[103] 朱海英. 企业参与乡村旅游扶贫的影响机制研究[J]. 商学研究，2017（1）：97-105.

（三）网络资源

[1] 博鳌论坛亚洲减贫报告[EB/OL]. https://max.book118.com/html/2019/1009/8005133021002054.shtm.

[2] 国务院关于印发"十三五"脱贫攻坚规划的通知[EB/OL]. 中国政府网，http://www.gov.cn/zhengce/content/2016-12/02/content_5142197.htm.

[3] 中共中央、国务院印发《中国农村扶贫开发纲要（2011－2020年）》[EB/OL]. 中国政府网，http://www.gov.cn/gongbao/content/2011/content_2020905.htm.

[4] 世界旅游发展报告2018——旅游促进减贫的全球进程与时代诉求[EB/OL].

http://www.ctaweb.org/html/2018-9/2018-9-25-14-58-30700.html.

[5] 全国乡村旅游与旅游扶贫工作推进大会在湖南召开[EB/OL]. http://hnsfpb.hunan.gov.cn/xxgk_71121/gzdt/fpyw/201809/t20180917_5096087.html.

[6] 住湘鄂渝黔全国政协委员联合提案建议. 从国家层面推动武陵山片区旅游扶贫合作[EB/OL]. http://www.cqrb.cn/html/cqrb/2019-03/10/011/content_227053.htm.

[7] 国务院扶贫开发领导小组办公室. 武陵山片区区域发展与扶贫攻坚规划（2011—2020）[EB/OL].http://www.ndrc.gov.cn/zcfb/zcfbqt/201304/W020130425465908809159.pdf.

[8] 杨昌盛. 万达小镇运营一周年，带动旅游综合收入近25亿元，16000贫困人口增收[EB/OL]. http://www.gzfp.gov.cn/ywgz/shfp/201807/t20180718_2550367.html.

[9] 住湘鄂渝黔全国政协委员联合提案建议. 从国家层面推动武陵山片区旅游扶贫合作[EB/OL]. https://www.cqrb.cn/html/cqrb/2019-03/10/011/content_227053.htm.

[10] 韩硕. 特色旅游唤醒意大利古城镇[EB/OL]. http://world.people.com.cn/n1/2018/1121/c1002-30412287.html，2018-11-21.

[11] https://www.social-protection.org/gimi/ShowCountryProfile.action?iso=TH

[12] 曾志雄：泰国经济好转社会问题增多[EB/OL]. 光明网, http://www.gmw.cn/03pindao/guoji/2004-04/29/content_19413.htm.

[13] 社会保护世界推广平台（GlobalExtensionofSocialSecurity）官方网站泰国社会保护网页. https://www.social-protection.org/gimi/ShowCountryProfile.action?iso=TH（2018-12-19）.

[14] 李文峰. 把全面从严治党要求贯穿脱贫攻坚全过程各环节，习近平总书记这样说[EB/OL]. http://www.ccdi.gov.cn/toutiao/201809/t20180930_180859.html.

[15] 让各民族像石榴籽一样紧紧抱在一起——重庆市促进民族团结进步工作综述[N]. 重庆日报，2019-12-31. http://cq.people.com.cn/BIG5/n2/2019/1231/c367668-33677175.html.

[16] 李克强. 让旅游成为世界和平发展之舟——在首届世界旅游发展大会开幕式上的致辞[N]. 人民日报，2016-05-20（1）.

[17] 李庆雷. 通过公平贸易推进旅游减贫[N]. 中国旅游报，2017-11-07.

[18] 张川杜. 澳大利亚：450万游客带来160亿澳元[N]. 光明日报，2000-03-17.

[19] 紫嫣. 看日本合掌造村落保护策略[N]. 中国花卉报，2018-01-04（W04）.

附件 1

乡村旅游开发与精准扶贫协同发展的感知调查（村民问卷）

问卷编号：_____

被访者（签名）_____　　被访者联系电话_____

访问地点：请具体到省市（县）区（乡/镇）村组 _____

访问时间：__年 __月___日___时　　访问员（签名）：_____ 电话_____

亲爱的村民朋友：

您好！

我们是西南大学旅游管理系课题组，想了解一下您家参与乡村旅游开发、村民受益的情况，以便政府部门采取相应措施提高您的家庭收入、完善扶贫政策。本调查是一项纯学术研究调查，问卷中的信息仅用于分析研究，您所选的答案没有对错之分，请您如实地在相应空白处画"√"。感谢您的配合！

西南大学旅游系"旅游开发与精准扶贫"课题组

附件1　乡村旅游开发与精准扶贫协同发展的感知调查（村民问卷）

A. 乡村旅游开发与精准扶贫现状的感知评价

协同效应的评价	完全不同意	不太同意	中立	比较同意	完全同意
1. 促进本地经济的发展					
2. 促进本地产业结构的调整					
3. 增加了村民的就业机会					
4. 增加了家庭年收入					
5. 完善了本地基础设施					
6. 增加了本地居民的生活成本					
7. 导致村民贫富悬殊					
8. 减低了村民人际关系的和谐					
9. 促进了本地传统文化的保护					
10. 促进了村民思想观念进步					
11. 促进了村民素质能力提升					
12. 加大了人地矛盾的冲突					
13. 改变了传统生活方式					
14. 增加了赌博和非法娱乐活动					
15. 增强了本地村民的环保意识					
16. 完善了污水处理设施					
17. 提高了本地治安水平					
18. 导致本地交通拥挤					
19. 破坏了本地生态环境					
20. 干扰了本地居民正常生活					
21. 旅游开发有利于村民脱贫致富					

B. 被访者的基本情况

1. 您的性别：

   A. 男　　　B. 女

2. 您的年龄：

   A. 18 周岁以下　　B. 18～35 周岁　　C. 36～50 周岁　　D. 51～65 周岁

   E. 65 周岁以上

3. 您的政治面貌：

   A. 共产党员　　　B. 民主党派　　　C. 团员　　　　　D. 群众

4. 您的受教育程度：

   A. 小学及以下　　B. 初中　　　　　C. 高中　　　　　D. 大专及大学

5. 您从事旅游相关工作的时间：

   A. 不足 1 年　　　B. 1～3 年　　　　C. 3～5 年　　　　D. 5 年以上

6. 您的职业类别：

   A. 务农　　　　　B. 务工　　　　　C. 专业养殖　　　D. 行政人员

   E. 服务人员　　　F. 无职业　　　　G. 在校学生　　　H. 其他

7. 您在本地居住的年限是：

   A. <5 年　　　　 B. 5～10 年　　　 C. 10～20 年　　　D. >20 年

附件 2

调研访谈提纲

一、针对村、支两委的访谈和资料收集

1. 本村的基本情况简介。（____户，____人口，____贫困户，区位____，交通____，主要旅游资源/传统文化习俗____）

2. 村委会在乡村旅游开发中的作用？（旅游收入的分配，居民与政府之间关系的处理），对待贫困户参与乡村旅游经营有哪些具体的帮扶措施，受益程度如何？

3. 本村旅游业发展的基本历程。（历年来的接待人数/旅游收入/旅游收入的分配制度/旅游表演收入的分配）

4. 本村关于乡村旅游开发的相关管理制度和规章条例。（资料收集）

5. 本村关于旅游精准扶贫的相关工作总结、报告。（资料收集）

二、针对当地村民的访谈

1. 评选贫困户的时候，村里有没有召集大家开会讨论或听取意见？开会前有没有让大家知道会议的相关主题和信息？开会时大家是否有充分的发言机会？会后，大家的意见是否被采纳？

2. 您认为村里评选贫困户的条件是否公开透明？有无人情因素？

3. 乡村旅游开发给你的生活带来了哪些影响？

4. 您对旅游业发展中的哪些问题感兴趣？（如环境改善、游客容量、就业机会、优惠政策等）您参加了乡村旅游经营中的哪些内容？（如农家乐、民宿、旅游商品销售、乡村导游、旅游交通运输、景区保洁、景区管理等）您认为景区在经营管理时，应在哪些方面优先照顾贫困户？（如就业、经营机会、利益分配等）